MODERN HUMANITIES RESEARCH ASSOCIATION

CRITICAL TEXTS

VOLUME 22

Editor
MALCOLM COOK
(*French*)

LE COSMOPOLITE, OU LE CITOYEN DU MONDE

(1750)

Louis-Charles
Fougeret de Monbron

LE COSMOPOLITE
OU LE CITOÏEN DU MONDE.

Patria eſt ubicunque eſt bene.
Cic. 5. Tuſcul. 37.

Aux depens de l'Auteur.
M D C C L.

LE COSMOPOLITE, OU
LE CITOYEN DU MONDE

(1750)

Louis-Charles
Fougeret de Monbron

Édition critique préparée par
Édouard Langille

MODERN HUMANITIES RESEARCH ASSOCIATION
2010

Published by

The Modern Humanities Research Association,
1 Carlton House Terrace
London SW1Y 5AF

© The Modern Humanities Research Association, 2010

Édouard Langille has asserted his right under the Copyright, Designs and Patents Act 1988 to be identified as the author of this work.

Parts of this work may be reproduced as permitted under legal provisions for fair dealing (or fair use) for the purposes of research, private study, criticism, or review, or when a relevant collective licensing agreement is in place. All other reproduction requires the written permission of the copyright holder who may be contacted at rights@mhra.org.uk.

First published 2010

ISBN 978 1 907322 04 4

ISSN 1746-1642

Copies may be ordered from www.criticaltexts.mhra.org.uk

Table des matières

Introduction vii
*Le Cosmopolite, ou
le citoyen du monde* 1
Notes & commentaires 60
Bibliographie sélective 88

Introduction

Le Cosmopolite, ou le citoyen du monde

~Tout est singulier et original dans cette brochure~

> *Il n'est pas de mot qui vienne plus aisément sous la plume de la critique que le mot d'influence, et il n'est pas de notion plus vague parmi les vagues notions qui composent l'armement illusoire de l'esthétique. Rien toutefois dans l'examen de nos productions qui intéresse plus philosophiquement l'intellect et le doive plus exciter à l'analyse que cette modification progressive d'un esprit par l'œuvre d'un autre.*
>
> Valéry, *Lettre sur Mallarmé*[1]

Mélange d'anecdotes, d'impression de voyage, de commentaire social, de jugements esthétiques, de grivoiseries, et de règlements de compte — n'oublions pas cela! — *Le Cosmopolite, ou le citoyen du monde* est un livre de second rayon goûté par quelques esprits de premier plan.[2] Publiée à Londres ou en Hollande en 1750, il s'agit d'une mince brochure rééditée en 1753, en 1761, et plus récemment à

---

[1] P. Valéry, *Lettre sur Mallarmé*, éd. Jean Hytier, *Œuvres de Paul Valéry* (Paris: Gallimard, 1957), 1, 634.

[2] L. Michel, «La polygraphie dans *le Cosmopolite, ou le citoyen du monde* de Fougeret de Monbron», dans *Éloge de l'adresse. Actes du colloque de l'Université d'Artois, 2-3 avril 1998*, sous la direction d'A. Chamayou (Arras: Artois Presses universitaires, 2000), pp. 171-89.

faible tirage en 1970, *Le Cosmopolite* est à peu près introuvable de nos jours. D'où l'opportunité de la présente réédition critique.

Les propos satiriques et licencieux de ce petit livre étaient de nature à faire embastiller son auteur. C'est pourquoi on l'imprime à l'étranger; les premiers échos dans la presse périodique datant du mois de juin 1750. *La Bigarrure*, gazette littéraire de La Haye, en donne une appréciation passablement flatteuse le 26 juin. On l'attribue sans hésitation à un littérateur connu alors pour son poème burlesque inspiré de Voltaire, la *Henriade travestie* (1745); un nommé Louis-Charles Fougeret de Monbron (1706-1760), ci-après Monbron. « Il vient de me tomber sous la main un livre tout nouveau [...]. Il est intitulé *Le Cosmopolite, ou le Citoyen du Monde*. Tout est singulier et original dans cette brochure. Style, façon de penser, aventures, réflexions, et jusqu'aux expressions mêmes, tout y est extraordinaire ».[3]

Quelques mois plus tard, le jeune Lessing s'enthousiasme dans le *Berlinische Privilegirte Zeitung*. Le fondateur de la littérature allemande moderne n'hésite pas à louer la franchise d'un « moi narratif » qui récuse le ton banal de la plupart des récits de voyage. Permis à nous de songer à Montaigne et à ses remarques sur l'importance du voyage pour le développement de la pensée : « d'autres nous racontent ce qu'ils ont vu ; l'auteur raconte ici ce qu'il a pensé ; et même s'il n'a vu ce que mille autres n'aient vu également, il a du moins, en échange, pensé mille fois ce que peut-être aucun voyageur n'a pensé ».[4] À remarquer que les réflexions cyniques dont *Le Cosmopolite* fait étalage devaient se recommander aux jeunes du temps ; une certaine jeunesse étant, à toutes les époques, sensible à l'expression de la révolte hargneuse. Nous y reviendrons plus à loisir. Disons pour l'instant que ces témoignages constituent les premières lueurs d'un rayonnement des plus remarquables.

Rayonnement dont assez paradoxalement, les prolongements finissent par éclipser le souvenir même de l'auteur. Éconduit par la postérité, *Le Cosmopolite* est à ce point méconnu que l'on peut se demander avec Raymond Trousson de quel genre d'écrit il s'agit : « Qu'était-ce donc que ce petit ouvrage ? [...] : autobiographie, portrait de l'auteur par lui-même, récit de voyages, recueil d'histoires galantes,

---

[3] *La Bigarrure*, 26 juin 1750, t. vi, pp. 55-6.

[4] *Berlinische Privilegirte Zeitung* 41 (avril 1751), Stück 6.

pamphlet politique et littéraire [...] ».⁵ Pour trancher, affirmons que *Le Cosmopolite*, c'est avant tout la révélation d'une personnalité peu commune. Monbron aurait pu s'écrier avant Flaubert: « Le citoyen du monde, c'est moi! Je suis moi-même le sujet de mon livre »! Au-delà donc d'un simple parcours touristique, relevé çà et là de grivoiseries et de satire anticléricale, c'est le portrait que l'auteur y laisse de lui-même qui caractérise cet ouvrage. Portrait peu flatteur, au demeurant, et qui n'a pas peu contribué à la légende de cet « homme au cœur velu ». Les contemporains ne manquent certes pas de s'empresser, après coup, d'y ajouter leur coup de pinceau. On ne peut douter, par exemple, que *Le Cosmopolite* a influencé la figure de Monbron esquissée par Diderot dans sa *Première Satyre sur les mots de caractère*, rédigée à partir de 1773, c'est-à-dire, une douzaine d'années après la mort de son sujet. C'est, croyons-nous, du *Cosmopolite* que Diderot se souvient en faisant le portrait du « tigre » qu'il avait connu vingt ans plus tôt. La silhouette n'en demeure pas moins célèbre.

« Il y eut un temps où j'aimais le spectacle, et surtout l'opéra. J'étais un jour à l'Opéra entre l'abbé de Canaye que vous connaissez et un certain Montbron [sic], auteur de quelques brochures où l'on trouve beaucoup de fiel et peu, très peu de talent. Je venais d'entendre un morceau pathétique, dont les paroles et la musique m'avaient transporté. Alors nous ne connaissions pas Pergolèse ; et Lulli était un homme sublime pour nous. Dans le transport de mon ivresse, je saisis mon voisin Montbron [sic] par le bras, et je lui dis —Convenez, monsieur, que cela est beau. L'homme au teint jaune, aux sourcils noirs et touffus, à l'œil féroce et couvert, me répond :
— Je ne sens pas cela.
— Vous ne sentez pas cela ?
— Non, j'ai le cœur velu.
Je frissonne ; je m'éloigne du tigre à deux pas ».⁶

Mais attention. Ce tigre, n'est-il pas de ces êtres tendres affichant des dehors ombrageux ? Monbron, n'invite-t-il pas le mépris avant que de se faire rebuter ? N'insulte-t-il pas le premier pour éloigner ses antagonistes ? Chose certaine, au fil de ces mémoires, Fougeret de Monbron se révèle un être complexe, plus vulnérable que véritablement farouche. À côté donc de Monbron-le-misanthrope,

---

⁵ *Le Cosmopolite, ou le citoyen du monde*, suivi de *La Capitale des Gaules ou la Nouvelle Babylone*, éd. R. Trousson (Bordeaux: Ducros, 1971), p.13

⁶ Diderot, « Satire première » dans *Œuvres complètes de Diderot*, éd. H. Coulet (Paris: Hermann, 1989), XII, p. 14.

Monbron-l'égoïste, Monbron-le-marginal et le-mal-aimé, se range un Monbron vivotant dans la sphère des grands, un Monbron témoin des fêtes de cour ; enfin, un Monbron tendre, capable de s'émouvoir à la vue d'une fille de joie en mauvaise passe. Il ne faut toutefois rien exagérer. Cet homme à multiples visages reste toujours fidèle à son caractère inné. Car Monbron, c'est un frondeur né ; un homme profondément insatisfait, incapable de se soumettre à l'autorité. Saboteur de son propre bonheur, notre auteur était, bien avant Baudelaire, le bourreau de soi-même. Pour peu qu'il fût poète, il eût pu écrire ces vers :

> *Je suis de mon cœur le vampire,*
> *-Un de ces grands abandonnés*
> *Au rire éternel condamnés,*
> *Et qui ne peuvent plus sourire !*[7]

Cette analyse du caractère de Monbron est du reste proposée par le critique italien, Franco Venturi qui prétend voir dans Monbron un idéaliste déçu dont l' « optimisme à peine naissant [...] tourne déjà à l'aigre ».[8] L'homme au « cœur velu », serait donc un homme au cœur tendre ; cet atrabilaire, un Candide revenu de son Optimisme, un Candide criant sa révolte à qui veut l'entendre ; un Candide, disons le mot, « romantique ». L'intérêt du cas de Monbron, c'est qu'il a su exprimer comme personne d'autre un aspect des inquiétudes, de la révolte de la génération des années 1740-50. Rappelons donc le jugement de Venturi qui n'hésite pas alors à affirmer que « [l]es accrochages [de Monbron] avec la police sont un exemple caractéristique des rapports entre l'autorité et les écrivains à cette époque. Et ses voyages sont à la vérité ceux d'un siècle cosmopolite et aventurier, d'une génération qui s'est sentie comme prisonnière du Paris et de la France d'alors ». *Le Cosmopolite*, malgré son cynisme outré, aurait donc une valeur plus universelle qu'il n'y paraît à premier coup d'œil.

---

[7] Baudelaire, 'Héautontimorouménos' dans *Les Fleurs du Mal*, éd. Jacques Crépet et Georges Blin (Paris : José Corti, 1942), p. 86.

[8] Franco Venturi, *Europe des Lumières : recherches sur le 18ᵉ siècle* (Paris, La Haye : Mouton, 1971), p. 93.

2. Fougeret de Monbron (1706-1760): « *citoyen du monde* »

La postface de l'édition de *Margot La Ravaudeuse* présentée par Maurice Saillet en 1958 narre avec brio la carrière romanesque de notre auteur.[9] À ces pages, supplée un article capital de P. N. Berkov racontant le voyage de Monbon à Moscou en 1754.[10] Trois articles importants de J. H. Broome font valoir l'influence de Monbron sur Voltaire et Byron.[11] Venturi, que nous venons de citer, consacre un chapitre à Fougeret de Monbron dans son *Europe des Lumières*, publié en 1971. Enfin, plus près de nous, les travaux d'Emmanuel Boussuge sondent dans les archives de la Bastille les démêlées de notre auteur avec la lieutenance de la police chargée de la librairie.[12] Pour une figure marginale, la biographie de Monbron est assez bien documentée. Nous nous en tenons à rappeler l'essentiel.

Charles-Louis Fougeret de Monbron naît à Péronne le 19 décembre 1706.[13] Fils d'un maître de postes (le domaine de *Monbron* étant une acquisition de fraîche date), le jeune Monbron est envoyé vers 1727 au régiment des gardes du corps chez le duc de Noailles. Il a 21 ans. On envisage pour lui une brillante carrière militaire. Or à la grande consternation de son père, il n'y reste que trois ans. On ignore pour quels motifs Monbron quitte le service ; il est permis toutefois de supposer que ce fils prodigue affichait déjà une préférence pour la vie dissolue. Malgré ces débuts peu prometteurs, son père est indulgent et continue d'espérer pour son fils la voie de l'ascension sociale. Monbron-père tente alors de remettre Monbron-

---

[9] Fougeret de Monbron, *Margot la Ravaudeuse* (1750), éd. par Maurice Saillet (Paris : Jean-Jacques Pauvert, 1958), pp. 151-234.

[10] P.N. Berkov, « Fougeret de Monbron et A. P. Sumarokov. *Revue des études slaves*, 37 (1960), 29-38.

[11] J. H. Broome, « Byron et Fougeret de Monbron », *Revue de Littérature comparée*, 34 (1960), 337-53 ; « Voltaire and Fougeret de Monbron, a *Candide* problème reconsidered », *Modern Language Review*, 55 (1960), 509-18 ; « *l'Homme au cœur velu* : the turbulent career of Fougeret de Monbron », *SVEC* 23 (1963), 179-213.

[12] E. Boussuge, « Fougeret de Monbron à la Bastille et dans ses archives », *RHLF*, 106 (2006), 157-66 ; « Enquête sur la réception de *Candide* », *Cahiers Voltaire* 7, (2008), 147-52.

[13] Précisons que dans les bibliographies Monbron s'écrit parfois « Montbron ». La Bibliothèque de la Sorbonne répertorie « Le Préservatif contre L'Anglo-manie » sous le nom de « Monbrun ». Au moins un spécialiste appelle notre auteur « Foulgeret de Montaubon ». Voir Liliane Gallet, « Préservatif contre l'Anglomanie (1757) et/ou panégyrique d'une ancillarisation », dans *Regards européens sur le monde anglo-américain, Hommage à Maurice-Paul Gauthier*, Centre d'histoire des idées dans les Îles Britanniques (Paris : Presses de l'Université de la Sorbonne, 1992), p. 45.

fils dans le bon chemin en lui achetant en 1735— moyennant la somme considérable de 18 000 livres, monnaie de France—la charge de valet de chambre ordinaire du roi, poste qui ouvre les portes de Versailles. Elles se referment quatre ans plus tard, et Monbron doit renoncer à cette dignité pour cause de mauvais caractère. Damant le pion aux ambitions dynastiques, Monbron rejette une fois pour toutes les avantages de la vie rangée. Restent alors les séductions de la vie parisienne : filles, tripots, bacchanales. Saillet parle alors d'un « homme de plaisir », mais on peut se demander si Monbron, même jeune, était capable de goûter un plaisir authentique.

Or l'un des points d'intérêt du *Cosmopolite* est de rappeler en filigrane la bohème parisienne des années 1730-40, et à l'avant-scène, l'ambiance des maisons closes, lieux de rencontre privilégiés de tous les amateurs du sexe. C'est assez curieusement par le truchement d'une fille publique que l'auteur se représente dans *Le Cosmopolite*, se profilant sous les traits d'un dévergondé, fin connaisseur en matière de filles. Est-ce le portrait fidèle de l'homme ou l'image qu'il voulait laisser à la postérité ? « —À ton air embarrassé, dit-elle, je pense que tu ne me reconnais pas, et je n'en suis point étonnée. Indépendamment de ce que je n'ai jamais été de figure à espérer qu'on se souvînt longtemps de moi, il faudrait que tu eusses une prodigieuse mémoire pour avoir conservé le souvenir de toutes les femmes que tu as vues. Car il n'y a guère de libertins (soit dit entre nous) qui aient autant fréquenté les maisons de scandale que toi… ».

Certes Monbron n'est pas seul à hanter les maisons de scandale, les cafés et les bals de l'opéra. Le Paris de 1740, comme celui de Balzac, pullule d'aventuriers, d'ambitieux, pour ne rien dire de la foule d'écrivassiers cherchant à vivre de leur plume. Gens aussi hauts en couleur que le peu recommandable abbé de Boismorand, pamphlétaire à gages, et joueur enragé. Ou bien ce paria de la république des lettres, romancier et meneur de claque au théâtre (à qui Voltaire, toujours attentif à la réaction du parterre, verse des appointements pour services rendus), le fameux chevalier de Mouhy. *Le Cosmopolite* rappelle en biais tout un essaim de « gribouilleurs » oubliés de la postérité, poètes tel l'abbé Soulas d'Allainval, à qui notre auteur a l'imprudence de montrer ses manuscrits licencieux ; ou bien cet autre récipiendaire de la largesse voltairienne, l'abbé MacCarthy, alors « décrié dans Paris et poursuivi de ses créanciers ». Celui-ci prend le parti de s'esquiver à Constantinople, où il ne trouve pas mieux que de se convertir à l'Islam. Les plaisants s'esclaffent de rire, et Voltaire le premier. On retrouve ce MacCarthy aux côtés du prêtre « sodomite » Desfontaines dans les pages les moins édifiantes de la biographie voltairienne. Dans la mouvance d'une *Comédie Humaine* style 1740, ce « gibier à police » est sous haute surveillance des autorités, le rôle de « Bibi-Lupin » étant conféré à Nicolas René Berryer, chef de la police.

C'est dans ce décor divertissant que Monbron fait ses premiers pas d'homme de lettres. La postérité lui attribue le conte galant inspiré des *Mille et une nuits*, *Le Canapé couleur de feu* publié à Amsterdam en 1741.[14] La « muse satirique » inspire bientôt sa plume. Lors de son premier séjour en Angleterre Monbron traduit la « fausse » *Chronique des rois d'Angleterre* (1743) de Robert Dodsley.[15] Ce coup d'essai lui vaut un certain succès. Il s'essaie ensuite dans les vers burlesques, versifiant un bref texte satirique intitulé *Discours prononcé au roi par un paysan de Chaillot* (1744).[16] Fort de ces débuts, Monbron se montre plus ambitieux. Il compose, en 1745, *La Henriade travestie*, d'après Voltaire, ouvrage apprécié de Fréron[17] et de Voltaire même.[18] *La Henriade travestie* a connu de nombreuses éditions au XVIIIe siècle, et après.[19]

Toujours est-il que Monbron cherche sa véritable voix d'écrivain. Il la trouve dans un genre nouveau, le roman sur la prostitution, initié par Antoine Bret qui publie, en 1745, *La Belle Allemande, ou les galanteries de Thérèse*. Au moment où il publie *Margot La Ravaudeuse* (1750), Monbron connaît de longue date le milieu des filles. Tant est si bien que son véritable talent d'écrivain se révèle dans le portrait qu'il en fait. *La Ravaudeuse* est son ouvrage le plus pérenne. Édité

---

[14] Pour une édition critique moderne voir: Fougeret de Monbron, *Le Canapé couleur de feu*, dans *Contes*, édition critique établie par Fr. Gevrey, (Paris: Champion, 2007).

[15] *Chronique des rois d'Angleterre*, écrite en anglais selon le style des anciens historiens juifs, par Nathan Ben Saddi, prêtre de la même nation, (Londres: Cooper, 1743), réimprimée 1750.

[16] *Discours prononcé au roi par un paysan de Chaillot*, s. l., 1744.

[17] *Année littéraire*, 15 mars 1756, p. 356.

[18] D6368~ « Voltaire à François Tronchin » (juillet/août 1755): Je renvoie Gengis à Nicefore à qui je présente mes respects. Je renvoye aussi la *Henriade travestie*, et je supplie monsieur Tronchin de renvoyer un ouvrage trop guai, à un homme très triste qui l'aime de tout son cœur. Voir *Correspondance de Voltaire*, édition Th. Besterman, vol. 4 (Paris, Gallimard, 1977), p. 499.

[19] Fougeret de Monbron, *La Henriade travestie en vers burlesques*, (Berlin [Paris]) 1745.

aux XVIIIe, XIXe et au XXe siècles, ce roman fut traduit en italien sous le titre de *Margot la Conciacalze e le sue avventure galanti* (1861).

Pour en revenir à la chronologie, nous avons fait valoir qu'en ce début des années 1740, Monbron passe le plus clair de son temps à hanter les maisons closes, le théâtre et l'opéra car, en dépit des propos rapportés par Diderot, notre auteur est un mélomane enthousiaste. Les plaisirs de Paris finissent toutefois par s'émousser. L'ennui le tenaille. Monbron est alors en proie à un spleen « baudelairien » avant la lettre. Épris d'indépendance, il éprouve soudain un goût insatiable pour le dépaysement. Il veut s'évader. Mais pour aller où? Peu avant la mort de son père, au printemps de 1742, il formule le projet de quitter Paris. « Je haïssais ma patrie », nous dit-il à la première page du *Cosmopolite*. Comme c'est l'époque de l'anglo-manie, Monbron ne trouve pas mieux que de suivre dans le sillage des *Lettres Philosophiques*. À l'instar de Voltaire, tout un chacun se rue vers l'Angleterre. C'est donc l'Angleterre qui l'appelle. Angleterre, pays libre! Pays prospère! Utopie des âmes philosophiques! La Fontaine n'écrivait-il pas déjà au XVIIe siècle que « les Anglais pensent profondément ».[20] Pour un Monbron encore assez jeune, cette île enchantée représente un « ailleurs » séduisant. On songe encore à Baudelaire. La mort de son père en 1742 rendra son besoin d'évasion d'autant plus facile qu'il touche désormais des sommes considérables.

L'expérience du voyage crée le besoin d'en parler. Voir ou dire, quel est l'objet du voyage? Après le poète des *Fleurs du Mal*, lisons Pascal. Curiosité n'est que vanité. Chez Monbron l'écriture s'assimile naturellement à un parcours sans destination (« je jetai la plume au vent pour savoir quel chemin je prendrais »), refus d'ordre et de stabilité annonçant—de très loin admettons—les élans de la sensibilité romantique. Juge de ses propres textes, il s'épanche : « Ô vous! Scrupuleux et froids observateurs de l'ordre qui aimez mieux des pensées liées, vides de sens, que des réflexions décousues, telles que celles-ci, quoique, peut-être, assez bonnes. Ne perdez pas votre précieux loisir à me suivre car je vous avertis que mon esprit volontaire ne connaît point de règle et que, semblable à l'écureuil, il saute de branche en branche, sans se fixer sur aucune ».

---

[20] « Les Anglais pensent profondément ; Leur esprit, en cela, suit leur tempérament : Creusant dans les sujets, et forts d'expériences, Ils étendent partout l'empire des sciences ». *La Fontaine*, 'Le Renard Anglais' dans *Œuvres complètes*, éd. Jean-Pierre Collinet, (Paris, Gallimard, 2002), p. 497.

Sautant de branche en branche, *Le Cosmopolite* est le compte rendu d'une série de voyages sans progression apparente : l'Angleterre (1742), Constantinople (1742-43), Paris (1743), l'Italie (1745), la Prusse (1745), la cour de Saxe (1746-47), l'Espagne (1747), et enfin le Portugal (1748). Refusant une assiette ferme, le désir d'évasion se fait fuite devant l'ennui : « fruit de la morne curiosité ».[21] Rien d'étonnant à ce que le voyageur finisse par perdre la notion du temps. Tentant de regagner l'Angleterre quelques mois avant la fin de la *guerre* de Succession d'Autriche (octobre 1748), on lui fait remarquer que La France et l'Angleterre sont en guerre ! C'est à ce moment qu'il fait valoir sa qualité de « cosmopolite ». Il n'est plus Français, mais habitant du monde : « Une flotte anglaise était prête à mettre à la voile pour la Grande-Bretagne. Je crus ne pouvoir mieux faire que d'en profiter. Je communiquai mon dessein à M. de Chavigny, ambassadeur de France. Il me demanda si j'avais oublié que nous étions alors en guerre avec l'Angleterre. Je lui répondis que non, mais que j'étais habitant du monde, et que je gardais une exacte neutralité entre les puissances belligérantes ».

Ce retour en Angleterre permet de développer un autre thème : celui des illusions perdues. Naguère avides d'horizons nouveaux, les yeux de notre auteur se dessillent. L'illusion s'éclate. Monbron finit par comprendre que l'évasion ne mène nulle part. On songe encore à l'insatisfaction baudelairienne : « Il me semble que je serais toujours bien là où je ne suis pas, et cette question de déménagement en est une que je discute sans cesse avec mon âme ».[22] Le beau rêve de l'île enchantée était destiné comme tous les beaux rêves à se dissiper. La quête de l'idéal cède le pas à un constat des plus banals … et des plus tristes. L'expérience et le voyage font connaître les hommes, mais on ne les aime ni les estime : « Je méprise trop les hommes pour ambitionner leur approbation et leurs applaudissements. Permis à eux de me rendre mépris pour mépris. Je les y exhorte même ». Tel l'amant désabusé, c'est enfin dans le registre amoureux que Monbron trouve la métaphore traduisant l'extinction de ses passions anglomanes : « Je […] fus revoir mes bons amis les mangeurs de rost-beef dans leur capitale. Je vécus dans les commencements avec eux aussi enthousiasmé de leur mérite que l'est un amant des attraits divins de

---

[21] Baudelaire, 'LXXVI Spleen', p.80.
[22] Baudelaire, 'Anywhere out of the world' dans *Œuvres Complètes*, éd. Y.-G. Le Dantec (Paris : Gallimard, 1951), p 347.

sa maîtresse les premiers jours de la jouissance. Mais comme il arrive à cet amant, quand les premiers feux sont éteints, de découvrir dans cet objet de son adoration maints défauts que son âme préoccupée lui avait fait prendre pour des perfections célestes, de même quand je fus en quelque manière rassasié du commerce ravissant de ces messieurs, quand mes yeux, auparavant couverts du voile de la prévention, se furent dessillés, je cessai d'admirer, et bientôt après, je m'aperçus que ces hommes merveilleux avaient leur mauvais côté comme les autres, et qu'ils n'étaient pas moins extravagants que nous ». Les mémoires de Monbron se lisent donc sous le double signe d'un utopisme miné par le désenchantement. Tout y respire l'idolâtrie transformée en mépris. Reste alors le masque d'un cynisme de mauvais aloi teinté de misanthropie. Monbron a beau protester qu'il ne regrette « ni les frais ni les fatigues du voyage », il a beau enfanter de nouveaux projets de départ, il hait le genre humain presqu'autant qu'il se hait lui-même.

De retour à Paris à l'automne 1748, Monbron fignole un manuscrit dangereux. C'est son roman pornographique sur la prostitution, *Margot La Ravaudeuse*. Il en montre quelques pages à d'Allainval. La nouvelle se répand. Monbron est dénoncé : « Je m'étais amusé dans mes moments oisifs à jeter sur le papier quelques idées burlesques que j'avais cousues ensemble. Je fis la sottise d'en faire confidence à un misérable auteur, couvert du petit uniforme de prêtre. Ce perfide, auquel, par compassion pour ses pauvres talents, j'ai souvent fait des aumônes, fut révéler mon secret à un triumvirat de coquins, qui m'accusèrent dans une lettre anonyme adressée à l'inquisiteur de police, d'avoir composé un libelle contre la religion et le gouvernement ».

Du 7 novembre au 5 décembre notre auteur est incarcéré au For l'Évêque. On lui confisque alors ses manuscrits : « Voici l'histoire. Un commissaire et un limier de police vinrent un matin me souhaiter le bonjour au nom du roi, et me prier de trouver bon qu'ils examinassent mes papiers. Ces honnêtes gens m'étaient envoyés de trop bonne part pour que je refusasse de satisfaire leur curiosité. Ils déchiffrèrent donc mes bucoliques et, en ayant fait un paquet qu'ils scellèrent du sceau de je ne sais qui, ils me supplièrent avec les mêmes politesses de vouloir bien les accompagner jusqu'au For l'Évêque, non sans avoir eu la complaisance de me communiquer auparavant une pancarte en beaux caractères signée Louis ».

Ses textes lui ont-ils été restitués ? Avait-il d'autres copies du manuscrit en circulation ? On ne saurait l'affirmer. Monbron trouve cependant le moyen de publier *Margot*, qui sort à Hambourg à peu près en même temps que *Le Cosmopolite*.

La parution de ces deux livres marque un pas décisif dans la brève carrière qui conduira notre auteur de For l'Évêque à la Bastille. Car loin de l'assagir, son incarcération l'outrage. Il a désormais la rage au cœur ; sa vocation d'écrivain satirique ne s'en affirme que mieux.

À partir de cette date, ce n'est plus l'ennui qui motive ses départs, mais la persécution. Lors de son élargissement en décembre 1749, Monbron est exilé à cinquante lieues de Paris. Il regagne la capitale en 1753, mais reste sur le qui-vive. La réponse de la police ne se fait pas attendre. Une nouvelle lettre de cachet le nomme. Il est désormais en fuite perpétuelle. Craignant l'arrestation, il prend la route de Moscou, où il est de séjour pendant un peu plus d'un mois. Les Russes se montrent moins endurants que les Parisiens ; leur patience est vite épuisée par les propos hargneux du sieur de Monbron qui ne trouve pas mieux que de se chamailler avec un certain Sumarokov, aide de camp du comte de Rasoumowski. On parle alors de l'exiler en Sibérie![23] Nouveau départ. Il regagne les Pay-Bas, mais y craint la présence de diplomates français qui pourraient demander son extradition vers la France. L'été 1754 le voit à Liège d'où il est expulsé, puis à Bruxelles où il disparaît. Enfin, on lui met la main au collet à Toulouse le 14 mars 1755. Essayait-il gagner l'Espagne ou le Portugal ? Monbron est incarcéré à la Bastille du 12 avril au 25 septembre 1755.

Cette dernière incarcération lui brise les ailes. Lors de son élargissement, il est exilé de Paris. C'est alors qu'il réintègre le pays natal, où, plus misanthrope que jamais, il doit faire l'effort de prendre les habitudes de la vie provinciale. Il n'y arrive pas et n'y reste qu'un an. L'historien local, Eustache de Sachy, laisse de cette année d'exil un portrait conforme à ce que nous avons déjà vu : « Nous avons vu plus d'une fois Monbron, le chapeau enfoncé sur les yeux, la tête fort élevée, se promener seul, les mains dans les goussets, passées au travers les pans de son habit, et ne rendant le salut qu'à bien peu de personnes. Son frère le chanoine lui ayant fait quelques réprimandes sur son air misanthrope : —Eh ! et vous autres prêtraille, lui répondit Monbron, connaissez-vous la bonne façon de vivre parmi la maudite race humaine ».[24] Exaspéré, il n'a alors d'autre choix que de retourner tranquillement à Paris où il peut se perdre dans la foule qu'il méprise,

---

[23] *Gazette d'Utrecht* (29 janvier, 1754), cité par Venturi (1970) p. 342.

[24] E. de Sachy, *Essai sur l'histoire de Péronne* (Péronne : Trépant, 1864), p. 432.

mais où la vie littéraire et artistique offre certaines compensations. Monbron a 50 ans. Le satiriste d'autrefois ne retrouvera plus la verve de ses jeunes années. Mais il continue à écrire.

Les derniers ouvrages que Monbron publie sont la réflexion d'un grincheux sur les vices du temps. À peine âgé de 50 ans, Monbron est vieux. Il prend alors les allures d'un moralisateur chauvin. Corrigé de son anglomanie, il devient du coup violemment anglophobe et publie en 1757 un fascicule médiocre. C'est le « Préservatif contre l'anglomanie »—*L'Anti-Anglais* dans l'édition de 1762 —« répertoire de tous les préjugés traditionnels envers l'Angleterre ».[25] Traditionnels et banals : le climat, la nourriture, le mauvais goût, le caractère atrabilaire des Anglais etc. Revenu de son admiration pour Voltaire, voilà du coup qu'il dénonce l'influence pernicieuse des *Lettres Philosophiques* de même que l'anglomanie aveugle de ses compatriotes. Une fois de plus, c'est la faute à Voltaire : « La conscience ne devrait-elle pas reprocher à M. de Voltaire de nous avoir conté tant de merveilles sur le chapitre de ces prétendus Catons ? Nous avons maintenant parmi nous un tas de fanatiques atrabilaires qui se feraient martyriser par les Anglais. L'Académie même n'a pas été exempte […] ».[26]

Or, à l'insu de Monbron, l'anglomanie de Voltaire avait considérablement évolué depuis 1734. Surtout dans le domaine du théâtre où le patriarche, qui s'est tant flatté d'avoir appris l'anglais pour faire découvrir Shakespeare aux Français, commence à laisser entendre qu'il est revenu de son enthousiasme pour le grand génie anglais. Une certaine ambivalence demeure, mais lors des années 1770, le murmure devient cri. Deux ans avant sa mort (1776), Voltaire fait lire par D'Alembert un mémoire devant l'Académie où il dénonce dans des termes hargneux, l'influence de Shakespeare sur le théâtre français.[27]

La même tendance au chauvinisme affleure dans le dernier ouvrage publié par Monbron. *La Capitale des Gaules, ou la Nouvelle Babylone* (1759) invective contre le matérialisme et la débauche parisiens. *Margot la Ravaudeuse* expose les « grandeurs et les misères » d'une fille publique. La démarche ici est similaire car l'auteur prend le parti des infortunés contre financiers et fripons. Mais là encore, les clichés s'accumulent : les Parisiens sont frivoles, les Parisiennes surtout ; le

---

[25] L. Gallet, p. 45.

[26] *Le Préservatif contre l'Anglomanie* (Minorque [Paris]) 1757, p. 8.

[27] *Lettre de M. de Voltaire à l'Académie française* (Genève : Crammer, 1776).

théâtre, c'est l'école de l'oisiveté, etc. Bref, Monbron fait le procès de sa vie d'autrefois : filles, tripots, débauche. Juste retour des choses. L'accusé devient accusateur, et le vieux galantin se fait apôtre.

Monbron meurt le 16 septembre 1760. Il n'a que 54 ans.

3. Un livre de second rayon, un livre qui rayonne...

En 1913 André Morize publiait un article où il identifie *Le Cosmopolite* comme une source possible (mais cruciale) du *Candide* de Voltaire.[28] Ses arguments sont persuasifs ; l'éminent critique hésite toutefois à trancher la question de façon concluante. Citant le cas spécieux de Castets — qui voyait dans le *Simplicissimus* de Grimmelshausen (1622 ?-1676) l'inspiration « quasi certaine » de *Candide* — Morize met infiniment de précautions dans son propos.[29] « Tomberons-nous, écrit-il, sous les mêmes critiques (celles de la thèse de Castets) en émettant ici l'hypothèse qu'une mince brochure de Fougeret de Monbron n'est peut-être pas étrangère à la genèse de *Candide* ? Voltaire, à notre connaissance, ne la cite ni ne la mentionne. Les rapprochements de détails sont possibles, mais non décisifs » (p. 25). Nous reviendrons sur « les rapprochements de détails » notés par Morize et d'autres qu'il n'a pas commentés.

Voltaire connaissait Monbron ; on sait depuis peu qu'il l'a même rencontré en février 1745 (lettre 809 à Devaux).[30] Cependant la preuve qu'il avait lu *Le Cosmopolite* faisait défaut à la thèse de Morize. Cette preuve, aujourd'hui, nous la possédons. *Le Cosmopolite* mentionne la conversion à l'Islam de trois individus réfugiés à Constantinople. Voltaire nomme les mêmes convertis dans les notes de l'édition de 1752 de son *Ode sur L'ingratitude* (1736). Or deux des noms cités par Monbron (Mornay et Ramsay) sont de pure invention ; il semble par conséquent incontestable que Voltaire les a appris, n'a pu les

---

[28] « L'ensemble des deux récits, et surtout l'intention et l'allure, présentent de singulières analogies. [...] Ce qui frappe, c'est la triple analogie d'idée générale et d'inspiration : un voyageur, parcourant l'univers dans l'espoir toujours déçu de découvrir le bien, se heurte partout au mal, au ridicule aux abus et aux crimes », A. Morize, « Le 'Candide' de Voltaire », *Revue du XVIIIe Siècle* (1913) p. 25 ; voir aussi *Candide, Ou L'Optimisme*, éd. A. Morize, (Paris : TFM Hachette, 1913), p. xviii.

[29] F. Castets, « Candide, *Simplicius* et *Candido* », *Revue des Langues romanes*, XLVIII (1905), p. 481.

[30] « Cependant, ils (Voltaire et Monbron) se sont parlés (sic) en sortant de la commedie le jour de Mérope avant-hier. Ils ont fait connaissance avec beaucoup de politesses », *Correspondance de Mme de Graffigny*, éd A. Dainard, lettres 761-896 (Oxford : Voltaire Foundation, 2000), VI, 193.

apprendre, que dans *Le Cosmopolite*, paru deux ans plus tôt : « Un abbé irlandais, fils d'un chirurgien de Nantes, qui se disait de l'ancienne maison de Macarti, ayant subsisté longtemps des bienfaits de notre auteur [Voltaire], et lui ayant emprunté deux mille livres en 1732, s'enfuit aussitôt avec un Écossais, nommé Ramsay, qui se disait aussi des bons Ramsay, et avec un officier français, nommé Mornay ; ils passèrent tous trois à Constantinople, et se firent circoncire chez le comte de Bonneval ».[31] Quant à l'étude des sources de *Candide*, la publication de la *Correspondance de Voltaire* dans les années 1950 a ouvert la voie à des recherches probantes. C'est alors que J. H. Broome reprend, développe et même étend les idées formulées d'abord par Morize. Pour résumer, il soutient qu'en écrivant *Candide*, Voltaire a rappelé bien des anecdotes dérivées du *Cosmopolite*. Il suggère en même temps que l'auteur de *Candide* avait aussi à l'esprit *Margot La Ravaudeuse*. Du coup, Broome attirait l'attention sur un réseau complexe et étonnant de souvenirs de lecture, de réminiscences, et d'emprunts entre l'œuvre de Monbron (*Le Cosmopolite*, *Margot La Ravaudeuse*, *Le préservatif contre l'anglomanie*, et *La Capitale des Gaules*) et *Candide* et allant jusqu'aux « féronnades » que Voltaire publiait dans les années 1760 (*La Vanité*, *Le Russe à Paris*, *les Étrennes aux sots*, *Le Pauvre diable*). Dans un cas quasi décisif, Broome cite un passage peu connu de *La Capitale des Gaules* (1760) où Monbron reconnaît sa griffe dans *Candide* (1759). Il la reconnaît et l'assume. Adressées à la « coterie », les phrases suivantes consacrent son alliance avec le philosophe Martin dont le cynisme corrosif fait écho au *Cosmopolite* : « Il [l'abbé de La Porte] dit que je suis de ces gens qui prennent tout en mauvaise part et voient tout avec de mauvais yeux. Qu'y faire ? C'est le défaut ordinaire de ceux qui connaissent le monde. Monsieur l'abbé de La Porte, qui ne l'a point autant pratiqué que Martin et moi, croit, comme le bon philosophe Pangloss, que tout est au mieux dans cette capitale du meilleur des mondes possibles ».[32]

Attendu le silence des voltairistes, nous sommes très loin d'affirmer avec Emmanuel Boussuge que « les intuitions de Morize (étayées par les recherches de Broome) sont largement admises ».[33] Par qui ? Les plus grands connaisseurs de Voltaire de l'après guerre

---

[31] *Œuvres complètes de Voltaire*, éd., Moland, (Paris: Garnier 1877-1885), VIII, 423.

[32] Fougeret de Monbron, *La Capitale des Gaules ou la Nouvelle Babilonne* (France [Londres]: 1760), 2ᵉ partie, p. 8.

[33] E. Boussuge, 2008, p.151.

(Torrey, Wade, Besterman, Barber, Sareil, Brumfitt, Van Den Heuvel, Castex, Pomeau, et Deloffre) passent *Le Cosmopolite* entièrement sous silence. L'hypothèse de Morize est-elle à ce point sans mérite ? S'agit-il d'une vétille ? Est-il audacieux de soutenir que le chef d'œuvre de Voltaire porte l'empreinte d'un livre médiocre ?

À ces questions nous ne saurons donner réponse. On sait cependant que les éditions critiques de *Candide* faisant autorité—en l'occurrence celle de la Bibliothèque de la Pléïade (Deloffre 1979), et celle des *Œuvres complètes* (Pomeau 1980)—ne relèvent nullement, ne fut-ce que pour la remettre en question, l'hypothèse de Morize soutenue par Broome. D'ailleurs ni Pomeau, ni Deloffre ne citent les deux articles de Broome, dont le plus important est écrit en anglais.

Il n'en est heureusement pas de même de l'introduction que donne Raymond Trousson de son édition du *Cosmopolite* parue en 1970. Trousson cite les travaux de Broome et répète *in petto* les remarques que celui-ci a formulées sur le rôle joué par *Le Cosmopolite* dans la genèse de *Candide*. « On a pu montrer, écrit-il, que le *Candide* de Voltaire avait une dette à l'égard de Fougeret : un certain ton de naïveté burlesque, de troublantes correspondances dans l'itinéraire des voyageurs, la ressemblance frappante de certains passages ne peuvent guère laisser de doutes ».[34] Les doutes subsistent cependant et il est à noter que, pour être riches et copieuses, les remarques de Trousson éclairant le texte de Monbron ne mentionnent nulle part *Candide* ! On ne peut que regretter que l'éminent dix-huitiémiste n'ait pas signalé les nombreux passages dans *Le Cosmopolite* qui présagent le roman de Voltaire.

Or, parmi les spécialistes de sa génération, Christopher Thacker est le seul qui assigne au *Cosmopolite* une place privilégiée dans le catalogue qu'il établit des sources de *Candide*.[35] Thacker hésite néanmoins à comparer le roman dans sa version définitive avec les matériaux que Voltaire a pu y fondre. Raison de plus, sans doute, pour ne pas donner suite à ses recherches. Plus près de nous, Christiane Mervaud rappelle dans un important article consacré à l'épisode vénitien de *Candide*, que l'on détecte « une volonté parodique dans ces pages où tous les éléments du mythe vénitien sont conviés

---

[34] *Le Cosmopolite, ou le citoyen du monde*, suivi de *La Capitale des Gaules ou la Nouvelle Babylone*, éd. R. Trousson, p. 21

[35] Voltaire, Candide, éd., Christopher Thacker (Genève : TLF, 1968), pp. 244, 264, 271, 278, 289, 290.

pour être démystifiés ».[36] Il reste à déterminer si les chapitres du *Cosmopolite* touchant à l'exotisme ne représentent pas déjà le point d'aboutissement d'une tradition littéraire dont Monbron, autant que Voltaire, est l'héritier conscient. Il paraît notoire cependant, que *Le Cosmopolite* renferme souvenirs livresques et autres allusions issus d'un entrecroisement de textes qu'il est difficile à identifier indubitablement.

Enfin, dans le chapitre consacré à *Candide* dans le récent *Cambridge Companion to Voltaire* (2009), Philip Stewart fait abstraction des travaux que nous venons de citer et va jusqu'à nier le bienfondé d'une recherche d'intertextes à l'origine du chef d'œuvre, et par conséquent, susceptible de l'éclairer. Aussi les remarques qu'il formule sur les élusives « sources » du roman ne font-elles aucune allusion à notre texte. « A text like *Candide* is so over-determined that the quest is never over; the endless 'sources' usually tell us little that is significant at the risk of overlooking others at the same time that could be just as meaningful ».[37] En dépit de la défiance d'un Stewart, la conjecture que l'ouvrage le plus fameux de Voltaire est marqué au coin du *Cosmopolite* justifie largement la présente réédition. Remettre *Le Cosmopolite* à la portée des dix-huitiémistes férus d'histoire littéraire, n'est-ce pas les inviter à reconsidérer les arguments de Morize à la lumière des travaux récents portant sur la vie et l'œuvre de Voltaire? C'est aussi par le truchement d'un texte peu connu, reconstituer le climat social, intellectuel et moral d'une des époques les plus mouvementées de l'histoire intellectuelle de la France. Déchirée par la lutte des antiphilosophes contre le projet encyclopédique et les idées *lumières*, la décennie s'étendant de la parution du *Cosmopolite* à celle de *Candide* est des plus turbulentes. *Le Cosmopolite* est à ce titre, un témoignage éloquent du mal de vivre caractéristique des années 1740-50. Venturi y voit le germe de la satire affleurant dans *Le Neveu de Rameau* où, dans le prologue qui précède l'entretien, « Moi » présente « Lui » comme un original, excentrique et extravagant, plein de contradictions.[38] Au « bon sens » près, le portait pourrait bien être

---

[36] Ch. Mervaud, « Du carnaval au carnavalesque : l'épisode vénitien de *Candide* », *Le Siècle de Voltaire : Hommage à René Pomeau*, éd. Sylvain Menant (Oxford : Voltaire Foundation, 1987), p. 652.

[37] Stewart, P., « Candide » dans *The Cambridge Companion to Voltaire*, éd. N. Cronk, (Cambridge : Cambridge University Press, 2009), p. 131.

[38] F. Venturi, *Jeunesse de Diderot*, traduit de l'italien par Juliette Bertrand (Paris : Skira, 1939), p. 39.

celui de Monbron: «Un après-dîner, j'étais là, regardant beaucoup, parlant peu, et écoutant le moins que je pouvais; lorsque je fus abordé par un des plus bizarres personnages de ce pays où Dieu n'en a pas laissé manquer. C'est un composé de hauteur et de bassesse, de bon sens et de déraison».[39] C'est donc à point nommé que Fabre cite *Le Cosmopolite* abondamment dans son édition historique du fameux dialogue satirique.[40]

Parmi les métamorphoses du texte de Monbron, il faut signaler un premier rejeton, mort-né. *Le Cosmopolite, ou les contradictions* est un court récit satirique à la façon des *Lettres Persanes* publié par Rabelleau en 1760.[41] Comme *Candide*, il est censé être traduit de l'allemand. Monbron n'y est pas nommé. L'auteur n'en rappelle pas moins *Candide* ainsi que *Candide, seconde partie* de Dulaurens paru, faut-il croire, quelques mois plus tôt.[42] Mais si *Le Cosmopolite, ou les contradictions* mentionne le conte de Voltaire en toutes lettres, il vise avant tout le *Discours sur l'origine de l'inégalité* (1755) de Jean-Jacques Rousseau.

D'autres chercheurs citent *Le Cosmopolite* en rapport avec la vogue des récits de voyage des années 1760 et au-delà. Sans souci d'exhaustivité, citons les travaux de Sells faisant valoir l'influence de Monbron sur deux ouvrages mineurs de Goldsmith: *The Citizen of the World* (1760) et *The Traveller* (1765).[43] À ces titres, il ajoute *Travels through France and Italy* (1766) de Smollett et puis, *A Sentimental Journey* (1768) de Sterne, corpus soutenant la mode du récit de voyages teinté de couleur locale.

Enfin, il est un poète de première importance qui affiche ses affinités profondes avec Monbron. *Childe Harold's Pilgrimage* de Byron cite en exergue le premier paragraphe du *Cosmopolite*. Le poème en question est l'un des ouvrages fondateurs du romantisme anglais et donc européen: le premier chant datant de 1812. Le 16 septembre 1811 le poète écrit à son ami Dallas:

---

[39] Diderot, *Le Neveu de Rameau*, éd. Michel Delon (Paris: Gallimard, 2004), p. 585.

[40] Diderot, *Le Neveu de Rameau*, édition critique avec notes et lexique préparée par Jean Fabre (Geneve: TLF, 1950).

[41] Rabelleau, *Le Cosmopolite, ou les contradictions* (s.l., 1760).

[42] Henri-Joseph Dulaurens, *Candide, ou l'Optimisme, seconde partie* (1760), éd. É. Langille, (Exeter Textes Littéraires, 2, 2003).

[43] A. Sells, *Les Sources françaises de Goldsmith* (Paris: Champion, 1924), pp. 95–7.

Dear Sir, I send you a motto,

« L'univers est une espèce de livre dont on n'a lu que la première page, quand on n'a vu que son pays. J'en ai feuilleté un assez grand nombre que j'ai trouvé presque également mauvaises. Cet examen ne m'a point été infructueux. Je haïssais ma patrie. Toutes les impertinences des peuples divers parmi lesquels j'ai vécu, m'ont réconcilié avec elle. Quand je n'aurais tiré d'autre bénéfice de mes voyages que celui-là, je n'en regretterais ni les frais, ni les fatigues ».

If not too long, I think it will suit the book. The passage is from a little French volume, a great favourite with me, which I picked up in the Archipelago. I don't think it's well known in England; Monbron is the author; but it's a work sixty years old.

Good morning! I won't take up your time. Yours ever, Byron.[44]

Comment expliquer la prédilection du grand poète anglais pour Le Cosmopolite? Comment pénétrer la fascination que ces mémoires présentaient à son imagination fébrile? Nul doute que Byron y voyait un reflet de ses aventures de 1810. Dans un cas comme dans l'autre il s'agit d'un voyage initiatique que le poète aura vite fait d'assimiler à la libération du « moi ». Pour le jeune romantique en quête de sa singularité, Monbron devait alors sembler une âme sœur, un mal aimé, persécuté pour ses débauches. Vues avec sympathie, les attitudes de Monbron—misanthrope, insatisfait, intransigeant, méprisant, frondeur—annoncent bien des aspects la sensibilité exclusive chère aux romantiques. C'est dire que pour le jeune Byron, Monbron devait faire figure de prophète.

4. Sources : lectures et relectures :

On considère de longue date que les mémoires de Monbron sont le seul fruit de ses voyages. À la rigueur, il est vrai que le texte est à peu près dépourvu d'allusions savantes. Celles qu'on y lit sont peu recherchées. Et pourtant, Monbron était un lecteur assidu. Le souvenir des mémoires apocryphes du comte de Bonneval (*Mémoires du comte de Bonneval, ci-devant général d'infanterie au*

---

[44] Byron, *Letters and Journals*, vol. 2, éd. Prothero (Londres: John Murray, 1898), pp. 39–40.

service de Sa Majesté Impériale et Catholique) publiés à Londres et à Utrecht en 1737 [45], et suivis la même année d'un deuxième tome intitulé *Anecdotes vénitiennes et turques, ou nouveaux mémoires du comte de Bonneval*,[46] ont certainement marqué les pages que Monbron consacre à Constantinople et à Venise. D'ailleurs il nomme *Les Mémoires* de Bonneval en toutes lettres : « Il y avait déjà quelque temps qu'il courait dans le monde une mauvaise rapsodie sous le titre de *Mémoires de M. le comte de Bonneval*. Je lui demandai ce qu'il en pensait ». C'est dire qu'il les a lus. Rien d'étonnant à ce que force coïncidences lient nos trois textes. Il suffit des les comparer pour y lire l'influence des pseudos « mémoires » de Bonneval touchant à divers sujets dont :

a) Sainte-Sophie :

« Sainte-Sophie est le plus beau morceau d'architecture qu'il y ait peut-être au monde » (*Anecdotes vénitiennes et turques*, p. 17).

« Nous obtînmes depuis un firman de Sa Hautesse pour voir Sainte-Sophie, aujourd'hui la principale mosquée. C'est après Saint-Pierre de Rome, le plus vaste et le plus superbe édifice qui soit en Europe » (LC).

b) L'architecture turque :

« Les Turcs n'ont jamais excellé dans l'architecture [...] Cette ville n'est qu'un chaos de maisons sans ordre et sans architecture » (*Anecdotes vénitiennes et turques*, t. II p. 210).

« Constantinople est généralement mal bâti » (LC).

---

[45] *Mémoires du comte de Bonneval, ci-devant général d'infanterie au service de Sa Majesté Impériale et Catholique* (Londres: aux dépens de la Compagnie, 1737).

[46] *Anecdotes vénitiennes et turques, ou nouveaux mémoires du comte de Bonneval* (La Haye: Jean van Duren, 1737); *Anecdotes vénitiennes et turques, nouveaux mémoires du comte de Bonneval* (Londres, Utrecht, 1740).

c) La population « canine » de Constantinople :

« Les Turcs font encore des fondations pour entretenir les chiens et les chats et autres animaux abandonnés » (*Anecdotes vénitiennes et turques* t. II p. 214) ;
« Les Turcs ont un si grand fonds d'humanité pour les bêtes, que les chiens et les chats seront quelque jour maîtres de Constantinople. On voit plus de chiens que d'hommes dans les rues » (LC).

Il serait fastidieux de dresser le catalogue complet de tout ce qui fait écho dans *Le Cosmopolite* aux « mémoires » de Bonneval. Signalons toujours à Constantinople le danger constant de la peste (*Anecdotes vénitiennes et turques* t. I p. 199), ainsi que la description du Château d'Euxin, dit « tour d'Ovide ». D'ailleurs les *Nouveaux mémoires de Bonneval* sont aussi vénitiens que turcs. On ne s'étonne guère de voir se profiler dans le texte de Monbron certains thèmes relatifs à Venise (le caractère des nobles vénitiens, le carnaval ou Ridotto, et l'opéra) élaborés dans les *Mémoires* de Bonneval comme dans un faisceau de récits de voyages contemporains. Nous songeons en particulier aux *Voyages de M. Du Mont en France, en Italie, en Allemagne, à Malte et en Turquie* (1699),[47] au *Nouveau Voyage de Grèce, d'Égypte, de Palestine, d'Italie, de Suisse, d'Alsace et des Pays-Bas* de Charles de Sainte-Maure, publié anonymement en 1724,[48] et au *Voyage d'Espagne et en Italie* de Jean-Baptiste Labat (1730).[49] Ces récits font une large part à l'étude des mœurs et à la couleur locale. Ils auraient pu façonner les impressions que Monbron formule sur les races qu'il croise dans le cours de ses pérégrinations. *Le Nouveau Voyage*, par exemple, étale force jugements d'ordre général : « le Florentin est naturellement méprisant, avare et grand parasite » (p. 24) ; « Le Vénitien est fin et fort dissimulé » (p.28). Les mêmes instincts animent les pages du *Cosmopolite* où Monbron prétend que : « Les Français, gens à préjugés plus qu'aucune nation du monde, croient les Italiens, et principalement les Florentins, les plus jaloux et les plus vindicatifs de tous les hommes ». Ces rapprochements ne prouvent pas toutefois que Monbron se soit inspiré de ces textes.

---

[47] J. Du Mont, *Voyages de M. Du Mont en France, en Italie, en Allemagne, à Malte et en Turquie* (La Haye : Étienne Foulque et François L'Honoré, 1699).

[48] Charles de Sainte-Maure, *Voyage de Grèce, d'Égypte, de Palestine, d'Italie, de Suisse, d'Alsace et des Pays-Bas* (La Haye : Pierre Gosse, 1724).

[49] Jean-Baptiste Labat, *Voyage d'Espagne et en Italie*, 1730, éd. A. T'Serstevens (Paris : Grasset, 1926).

Il est cependant un livre que Monbron a lu, qu'il a étudié et dont la verve satirique a marqué *Le Cosmopolite* de façon déterminante. *Le Nouveau Voyage d'Italie* du Huguenot dépaysé en Angleterre, Maximilien Misson, publié en 1691, et traduit en anglais (1695), en allemand (1701) et en hollandais (1724), et réédité de nombreuses fois au siècle suivant, étale les sentiments d'un anticatholique notoire.[50] Grand ouvrage, au demeurant, *Le Nouveau Voyage* se démarque des publications convenues sur l'Italie du XVIIe siècle : l'aperçu est plus critique et l'Italie n'est pas toujours admirable. Misson instaure le récit épistolaire pour rendre compte de son voyage et ce genre connaîtra une longue postérité.

Pour rendre compte de l'influence du *Nouveau Voyage* sur *Le Cosmopolite*, on notera les passages relatifs à Venise (les castrats, l'insolence des gondoliers, la civilité outrée des Vénitiens etc.) repris tels quels par Monbron. De même les observations ironiques de Misson sur la *Santa Casa* de Lorette, sur la grotte « du Chien » près de Naples, celle de la Sibylle de Cumes, et, enfin, sur Pouzzoles et le tombeau de Virgile qui sont reprises presque mot pour mot dans le texte de Monbron, Ces rapprochements sont signalés dans les notes accompagnant le texte.

5. Établissement du texte

La présente édition du *Cosmopolite* suit celle de 1750, texte à la base de toutes les éditions qui suivirent. Nous ajoutons en bas de page les notes des éditions de 1753, de 1758 et de 1761. Pour plus de clarté nous avons pris le parti de corriger les fautes de langue indiquant nos corrections entre crochets. Le même souci de clarté nous a décidés de normaliser l'orthographe, à commencer par les noms propres. Nous avons suivi les leçons de l'édition moderne en ce qui a trait à la ponctuation. Les points-virgules sont le plus souvent remplacés par un point, et nous introduisons des tirets pour les parties dialoguées. Enfin, l'édition au XVIIIe siècle fait souvent abstraction de l'organisation d'un texte en paragraphes bien découpés. Pour aérer le texte et pour le mieux présenter, nous y introduisons des paragraphes, suivant la pensée de l'auteur.

---

[50] Misson, M., *Le Nouveau Voyage d'Italie*, 1691, cinquième édition (La Haye : Henry van Bulderin, 1731).

Le Cosmopolite, ou le citoyen du monde

Patria est ubicunque est bene[1]

Le Cosmopolite, ou le citoyen du monde

L'univers est une espèce de livre dont on n'a lu que la première page, quand on n'a vu que son pays. J'en ai feuilleté un assez grand nombre que j'ai trouvé presque également mauvaises. Cet examen ne m'a point été infructueux. Je haïssais ma patrie. Toutes les impertinences des peuples divers parmi lesquels j'ai vécu, m'ont réconcilié avec elle. Quand je n'aurais tiré d'autre bénéfice de mes voyages que celui-là, je n'en regretterais ni les frais, ni les fatigues.

Chassé autrefois de Paris par l'ennui et la préoccupation, je conçus le désir de visiter les habitants de la Grande-Bretagne dont quelques bilieux enthousiastes m'avaient conté des merveilles.[2] Je croyais trouver dans cette île fameuse, non seulement l'homme de Diogène,[3] mais y en trouver par millions. J'arrivai à Londres enivré de ce doux espoir.

Tout m'y parut au premier coup d'œil infiniment au-dessus de l'idée qu'on m'en avait donnée. Chaque Anglais était pour moi une divinité. Ses actions, ses démarches les plus indifférentes me semblaient toutes dirigées par le bon sens et la droite raison. S'il ouvrait la bouche pour parler, quoique je n'entendisse pas un mot de ce qu'il disait, j'étais dans une admiration qui ne se peut exprimer. Cependant l'état de mes affaires ne me permettant point alors de rester dans ce séjour angélique, je l'abandonnai, pénétré des plus vifs regrets, avec la consolation néanmoins d'y transporter mes lares[4] dès que j'en serais le maître.

Cette première sortie est l'époque du goût que j'ai pris depuis à voyager. Je ne voulus point retourner en France sans voir la république des Provinces-Unies. J'avoue que pour quelqu'un qui n'aime que le spectacle, il n'y a rien en Europe dont la vue puisse être plus satisfaite. C'est aussi à quoi se réduisent presque toutes les observations d'un curieux. Car pour ce qui est des gens du pays, ils sont si constamment attachés à leur commerce, qu'ils semblent avoir renoncé à toute société avec les humains. L'intérêt, dit-on, est leur dieu, le gain leur volupté et l'épargne sordide leur vertu capitale.

Je revins à Paris tout à fait Jacques Rost-Beef,[5] à la petite perruque près, n'osant pas encore mettre cette réforme dans mon ajustement,

quoique j'y fusse encouragé par l'exemple d'un géomètre à la mode*
qui avait rapporté de Londres ce ridicule de plus.⁶

Enfin, ma manie pour l'Angleterre était augmentée au point que tout m'était insupportable en France, même jusqu'à l'air que j'y respirais. Je regardais les Français en pitié et comme une espèce d'animaux usurpateurs de la qualité d'homme. J'avais alors tant de noir dans l'esprit que j'aurais couru grand risque de commettre un anglicisme, c'est-à-dire, de me pendre ou de me noyer, si mon ange tutélaire ne m'eût inspiré l'envie de changer de climat pour me dissiper. Tout bien pesé, ce parti me parut le plus raisonnable, et j'en profitai. Nous avions depuis sept à huit mois à Paris un ambassadeur de la Porte qui était à la veille de s'en retourner. Charmé de trouver une si belle occasion de me dépayser, un beau matin, je pris le devant et m'en fus à Marseille attendre son Excellence. Je m'étais flatté d'obtenir mon passage sur l'un des vaisseaux destinés à le transporter avec son monde. Mais après de vaines sollicitations, il fallut me contenter d'un chétif navire marchand, commandé par le capitaine le plus arabe⁷ et le plus taquin que la Provence ait jamais produit.

Le barbare me fit observer pendant tout le trajet un jeûne si austère, que j'en étais devenu presque diaphane. Cependant le plaisir de voir du nouveau me fit prendre mon mal en patience.⁸ Quiconque possède un peu Homère, Virgile et la mythologie rencontre dans ce voyage mille objets qui piquent et réveillent sa curiosité. Je goûtais une satisfaction extrême à considérer le local de ces terres diverses qui ont été célébrées dans les premiers âges par les plus ingénieuses fictions. Quoique je ne visse la plupart du temps que des lieux arides et sablonneux, que des îles stériles et désertes, je ne pouvais leur refuser mon respect et mon admiration. Je vis à l'entrée de l'archipel*⁹, ce séjour délicieux où le fils de Vénus¹⁰ tenait autrefois sa cour, maintenant à peine habité par des hommes. D'un côté je découvris Ithaque† et l'île de Calypso, de l'autre, le lieu méconnaissable où

---

* *Note de 1761* : Il s'est expatrié depuis pour punir ses confrères de ne lui avoir pas rendu des hommages et des respects proportionnés à ses suprêmes talents.

* *Note de 1761*: À présent l'île de Sérique, misérable lapinière sous la domination des Vénitiens.

† *Note de 1761*: Comme je ne veux point encourir la censure des géographes, j'avertis le lecteur que les lieux que je cite ici ne sont pas dans l'archipel. Le royaume d'Ithaque, aujourd'hui connu sous le nom de petite Céphalonie, est à l'est de l'embouchure de la mer Adriatique. On croit que l'île de Calypso est une petite île près de Malte et de sa dépendance qu'on appelle maintenant le Goze. La place où était Carthage se voit de deux ou trois lieues de Tunis. Troyes est dans le voisinage des Dardanelles et fait partie de l'Asie mineure.

était jadis la fameuse rivale de Rome.[11] Plus loin, enfin, le tombeau de l'ancienne Troyes. Aux châteaux de Dardanelles je me rappelai l'histoire de Léandre et d'Héro.[12] C'est ici, me disais-je à moi-même, qu'habitait cette aimable prêtresse de la mère des amours. Là vivait son amant infortuné. Après un spectacle si intéressant pour ceux qui savent la fable, il s'en offrit un à mes yeux qui, sans l'aide des noms chimériques et merveilleux, se rend assez recommandable par lui-même et plaît universellement. C'est le canal de Constantinople qui sépare l'Europe de l'Asie et présente à droite et à gauche les plus agréables coteaux jusqu'au Bosphore de Thrace, où l'orgueilleuse Byzance commande aux deux mers dont les eaux semblent se disputer l'honneur de baigner ses murs.

Il n'est pas possible d'imaginer un plus beau coup d'œil à quelque distance de la ville. Je n'entrerai néanmoins dans aucun détail à ce sujet, ne voulant point enchérir sur les pompeuses descriptions que maints voyageurs nous en ont laissées. Je débarquai environ huit jours avant l'arrivée de Zaïde Effendi[13] et fus loger chez M. Couturier,*[14] car en ce pays-là, faute d'auberges et d'hôtels garnis, on est contraint d'avoir recours à l'hospitalité. M. de Castellane,[15] alors ambassadeur de France, était à la campagne.

Pendant son absence j'eus occasion de connaître le pacha Bonneval.[16] Il me parut qu'il ne démentait pas la qualité d'homme d'esprit que la renommée lui donnait. J'ai très peu connu de personnes qui s'énonçassent aussi bien et qui eussent le don de conter comme lui. Aussi avait-il le faible de vouloir être écouté. Il me dit un jour dans sa bonne humeur à propos de la nécessité où il avait été de prendre le turban, qu'il avait troqué son chapeau pour un bonnet de nuit.

Quand il ne m'en aurait pas fait la confidence, je m'en serais douté. Il y avait déjà quelque temps qu'il courait dans le monde une mauvaise rapsodie sous le titre de *Mémoires de M. le comte de Bonneval*.[17] Je lui demandai ce qu'il en pensait. Il me répondit qu'il avait eu la patience de lire ce misérable ouvrage d'un bout à l'autre sans y avoir trouvé un mot de vrai. Je puis assurer au moins que, quant aux intrigues galantes qu'on lui attribue, elles sont très fausses, et que l'auteur ne connaissait pas M. de Bonneval car il était tout le revers de cela.

Quoiqu'il en soit, c'était un homme parfaitement aimable, d'un exellent commerce et d'un mérite peu commun. À l'égard de sa religion, je n'en dirai rien, sinon que je crois qu'il était de celle des

---

* *Note de 1761*: Le même qui venant de Pologne avec l'infortuné baron de Saint-Clair, le vit assassiner.

honnêtes gens. Il me parla souvent de l'illustre Rousseau,[18] son ancien ami, qui avait été forcé de s'expatrier aussi pour fuir la rage et la persécution de ses envieux. Nous n'oubliâmes pas non plus Messieurs de Mornay,[19] de Ramsay,[20] et l'abbé Macarti[21] qui, décriés dans Paris, et poursuivis de leurs créanciers, étaient venus à Constantinople embrasser la loi de Mahomet, acte auquel les Turcs, moins ardents et moins zélés que les catholiques à grossir leur secte, avaient paru tout à fait indifférents. Je sus en un mot que ces messieurs, dénués de tout secours, avaient été contraints de faire les métiers les plus bas pour tâcher de subsister et qu'enfin, chacun d'eux tira de son côté ; ce à quoi personne ne s'opposa.

On prétend que Mornay est mort fou ou enragé à Livourne,[22] que Ramsay a été tué en Russie, et que l'abbé Macarti, après avoir roulé l'Italie, avait passé en Hollande, où il était maître d'école. J'ai appris depuis à Lisbonne qu'il a un petit emploi dans le Portugal. Pour ce qui est de la fin des deux premiers, les dévots superstitieux ne manqueront pas de la regarder comme un effet de la vengeance divine. Mais moi qui ne porte pas de jugements indiscrets sur les desseins de la Providence, je ne vois rien de plus naturel que de mourir de façon ou d'autre.

Les vaisseaux du roi, sous le commandement de Messieurs de Caylus et de Glandevès,[23] furent parfaitement bien reçus à Constantinople. La raison de cela, c'est qu'ils apportaient au Grand Seigneur de très riches présents, et qu'il n'y a point de cour dans le monde où l'on soit mieux accueilli quand on s'y prend ainsi. Sa Hautesse nous envoya le jour de l'audience deux cents chevaux superbement caparaçonnés à la manière du pays.

Ce que je trouvai de plus remarquable dans notre cavalcade, c'était un couple d'infects capucins piaffant, et dont l'orgueil perçant à travers leurs vilains haillons semblait le disputer à chacun de nous en bonne grâce et en dextérité. On sera surpris, sans doute, que ces animaux-là aient fait partie du cortège. Mais il est bon de savoir qu'il y a une capucinière au palais de France, et que les penaillons[24] desservent la chapelle de M. l'Ambassadeur en qualité d'aumôniers. Or, ce fut pour faire valoir ce titre que la communauté honora notre marche de deux de ses membres. Comme les officiers et gardes-marine, ni les négociants n'étaient guère meilleurs écuyers que les révérends, l'escadron arriva en assez mauvais ordre au Sérail.[25]

Nous mîmes pied à terre dans la première cour, et entrâmes dans la seconde en si grande confusion que les Turcs qui occupaient la porte, se sentant trop presser, gratifièrent plusieurs de nos messieurs de maints coups de poing, auxquels on ne crut pas devoir riposter par respect pour le sultan. M. de Castellane fut revêtu d'une pelisse d'étoffe d'or, doublée de martre zibeline. Messieurs de Caylus et de Glandevès et leurs capitaines en second, en eurent chacun une de drap doublée d'hermine.

Pour ce qui est des subalternes dont j'avais l'honneur de faire partie, on leur distribua environ une vingtaine de caftans,[26] et l'on crut m'accorder une très grande marque de distinction de m'en donner un. On pense bien que les pères capucins ne furent point oubliés.

C'était une chose grotesque de voir par-dessus la sainte robe de ces prédicateurs de Christ, la livrée de Mahomet. De crainte que le lecteur n'ait une trop haute idée de ces caftans, il est bon de lui dire que ce sont de grandes souquenilles[27] faites à peu près comme les robes de bedeaux, d'une très grosse toile de fil et coton, à fond blanc, bigarré de jaune, et de la valeur environ de dix-huit livres monnaie de France. Je ne fais cette petite observation que pour montrer jusqu'où va la magnificence des empereurs ottomans dans les cas extraordinaires.

Si j'usais du privilège que tout voyageur a de mentir, je dirais que je fus introduit dans la salle d'audience à la suite de Monsieur l'Ambassadeur. Mais n'ayant envie d'amuser personne aux dépens de la vérité, j'avouerai que qui que ce soit n'y fut admis que les commandants des vaisseaux dont j'ai fait mention ci-dessus. Nous nous récréâmes pendant ce temps-là, le reste de la troupe et moi, à voir manger le pilau*[28] aux janissaires,[29] ce qui n'est guère plus amusant que de voir faire la curée à une meute. J'espère qu'on me saura meilleur gré de ce que je peins précisément les choses telles qu'elles sont, que si j'en imposais aux curieux par des descriptions empruntées, comme font trop souvent les faiseurs de voyages, qui, à force de débiter des merveilles, s'imaginent eux-mêmes être des gens merveilleux.

Tavernier[30] a beau vanter la place de l'hippodrome,[31] je prendrai la liberté de dire que c'est un assez beau marché aux vaches. À l'égard de l'obélisque de marbre granite qu'on y voit, j'avoue que ce serait un très beau morceau pour qui n'aurait jamais vu que celui-là. Si le laconisme et la sincérité sont du goût de ceux qui me feront la grâce de me lire, ils peuvent être assurés que je ne démentirai pas mon caractère

---

* *Note de 1761*: Sorte de salmigondis fait avec du riz, du mouton et de la volaille.

d'un bout à l'autre de ces mémoires. Il est bon pourtant que je les avertisse que mon imagination vagabonde ne saurait compatir avec l'ordre méthodique, et que j'abandonne à mes confrères les voyageurs la soigneuse exactitude des détails puérils.

Le Grand Seigneur, extrêmement satisfait des présents que nous lui avions apportés, nous accorda en reconnaissance la faveur de rendre visite à ses chevaux, de voir leurs harnais qui sont tout couverts de brillants, d'émeraudes, de perles orientales et de diverses autres pierres précieuses.

Nous obtînmes depuis un firman[32] de Sa Hautesse pour voir Sainte-Sophie,[33] aujourd'hui la principale mosquée. C'est après Saint-Pierre de Rome le plus vaste et le plus superbe édifice qui soit en Europe. Il y a à côté du portail un escalier en spiral, par où les empereurs chrétiens montaient dans les galeries sans mettre pied à terre. Apparemment qu'en ce temps-là les patriarches permettaient aux chevaux d'aller à l'office.

Quand on a vu Sainte-Sophie il ne reste pas grand-chose qui mérite l'attention d'un curieux. Constantinople est généralement mal bâti. Comme le Turc n'est pas promeneur, l'étranger n'a d'autre ressource pour exercer ses jambes que les cimetières, qui sont très vastes et en fort grand nombre. Un jour que je prenais l'air, selon ma coutume, dans un de ces agréables lieux, j'y vis inhumer un mahométan.[34]

Une partie de la cérémonie se fit très vite et à la muette. Mais la fosse ne fut pas plus tôt comblée, que M. le curé ou l'iman se mit à crier de toutes ses forces comme s'il eût voulu se faire entendre du défunt. Je demandai à un drogueman,[35] que le hasard avait conduit par-là, ce que signifiaient ces cris. Il me répondit que l'on demandait au mort pour quelle raison il avait quitté ce monde, où il avait du café, des pipes, du tabac, des femmes. En un mot, tout ce qui pouvait contribuer à lui rendre la vie agréable. À quoi le trépassé ne répondant rien, une bonne vieille l'abreuva d'une cruchée d'eau rose, et chacun se retira. Sans doute l'eau bénite est une denrée incomparablement plus chère, car il s'en faut bien qu'on en fasse si bonne mesure chez nous.

Les mahométans ont aussi des moines parmi eux. J'en ai vu d'une espèce qui croyaient faire leur salut en s'exerçant à tourner jusqu'à ce qu'ils soient en nage et tombent accablés de fatigue.[36] On peut appeler cela littéralement gagner le ciel à la sueur de son corps. Nos papelards[37] ne sont pas si dupes de le gagner ainsi.

Le ramasan,[38] qui est le carême des Turcs, est infiniment plus rude que le nôtre pour ceux qui le pratiquent. Il ne leur est pas permis de boire ni manger depuis le lever jusqu'au coucher du soleil, mais le jeûne et la mortification ne sont faits dans ce pays-là, comme dans celui-ci, que pour la canaille. Les gens au-dessus du commun passent la nuit à table et dorment tout le jour, moyennant quoi ils concilient leur repos et leurs plaisirs avec la loi du Saint Prophète, ainsi que nous concilions nos goûts avec les préceptes de Dieu et de son Église.

Une chose qui m'a révolté en Turquie, c'est le respect idolâtre que les catholiques ont pour leurs moines. J'ai souvent vu de jeunes demoiselles courir à la rencontre d'un maussade et superbe penaillon, qui, du plus loin[39] qu'il les voyait, leur présentait une main pelue que les innocentes baisaient comme un reliquaire. Hélas! Que de sottises ne fait-on pas pour gagner le paradis!

Les Turcs ont un si grand fonds d'humanité pour les bêtes, que les chiens et les chats seront quelque jour maîtres de Constantinople. On voit plus de chiens que d'hommes dans les rues. Tous ces animaux vivent d'immondices et des charités qu'on leur fait. Chaque troupe reste dans le district où elle a pris naissance, sans oser passer d'un quartier à l'autre. Si quelqu'un s'y hasarde, ce qui n'arrive que trop fréquemment, surtout pendant la nuit, ce sont alors de si grands charivaris qu'il faut être du pays et habitué à pareille musique pour y pouvoir dormir.

Ce qui me surprend, et doit surprendre tout le monde, c'est que la rage ne se mette pas quelquefois parmi un si grand nombre de bêtes vagabondes. On m'a assuré que cet accident n'était jamais arrivé. Si cela est, comme je le crois, on peut dire que messieurs les musulmans sont plus heureux que sages. Il y a bien des gens qui prétendent que ce sont ces animaux qui entretiennent la peste à Constantinople par l'infection que leurs ordures communiquent à l'air. Il me semble qu'il serait plus simple d'en imputer la durée à la négligence et à la malpropreté des gens de la nation.

On ne sait que trop, par expérience, que l'esprit pestilentiel s'attache à la laine et s'introduit dans les interstices de tout corps doux et spongieux, où il se conserve parfaitement. Or, comme les Turcs n'ont jamais la précaution de brûler ni les meubles, ni les hardes qui peuvent être imprégnées de ce poison après que la peste a fait ses derniers efforts, il n'est pas étonnant que le mal se rallume de temps en temps, et se perpétue.

Tandis que je m'en souviens, il n'est pas hors de propos que je détrompe les gens trop crédules sur les bonnes fortunes que maints rhapsodistes ont prêtées aux héros de leur imagination, tant dans le harem*40 du Grand Seigneur, que dans ceux des pachas et riches particuliers. Toutes ces échelles de cordes, toutes ces odalisques déflorées ou enlevées, sont des contes que ces faméliques auteurs controuvent pour remplir une misérable feuille qui est leur gagne-pain. Ce qui donne lieu à tant de mauvais écrits, c'est le goût dominant que l'on a pour les aventures extraordinaires et surnaturelles. Au reste, en supposant les lieux tels que ces agréables fabulistes les dépeignent, il ne serait peut-être pas impossible à quelque étourdi, en risquant pourtant de se faire couper bras et jambes, de nouer une intrigue avec une de ces malheureuses victimes de la jalousie et de la brutalité orientale. Mais qu'il s'en faut bien que les choses soient ainsi !

Ce ne sont point de beaux palais tels qu'on nous les décrit, avec de superbes balcons au-dehors fermés de jalousies, où les belles jouissent du plaisir de voir sans être vues. Ce ne sont pas non plus des jardins délicieux qu'il est facile d'escalader, mais de vilaines maisons de plâtre et de bis,41 bien closes, tirant leur plus grand jour de l'intérieur, et gardées par tant de surveillants qu'il n'y a qu'une tête française, je dirais presque un fat, qui puisse se figurer la galanterie praticable en de pareils endroits.

Il est assez difficile d'approfondir le génie et les coutumes des Turcs. C'est un peuple si peu communicatif qu'on ne serait guère plus instruit sur leur chapitre dans l'espace de vingt ans que dans trois mois. Il n'est pas question chez eux de jeu, ni de spectacle, ni d'aucune sorte d'assemblée. Tous leurs plaisirs et leurs divertissements sont bornés aux douceurs de la vie privée parmi leurs femmes ou leurs concubines. Une des choses qu'ils ont le plus en recommandation, c'est le bain sec.42

J'ai eu la curiosité d'en essayer, mais j'ai trouvé qu'il fallait être Turc ou cheval pour y résister. Leurs étuves sont si chaudes que quiconque y resterait un peu trop courrait risque de rendre l'âme par voie de transpiration. Il y a pourtant une cérémonie qui ne déplairait pas aux partisans de l'amour socratique.43 C'est d'être manié et frotté par de jeunes garçons presque nus dont les chatouilleux attouchements seraient capables de causer de l'émotion aux conformistes44 les plus

---

Note de 1761: Le harem est le quartier où sont les femmes.

zélés. On sait que les musulmans sont in *utroque jure licentiati*.[45] C'est-à-dire, au poil et à la plume.[46]

Bien des gens prétendent que l'habit oriental est celui qui sied le mieux. Je ne suis point de ce sentiment-là. Je crois seulement qu'il est le plus commode et le moins gênant. Les hommes et les femmes m'y paraissent fort à leur aise. Mais en même temps, il m'est impossible de démêler la forme humaine sous l'ampleur de leurs pelisses et de ces caleçons volumineux qui leur flottent sur les pieds. La nature ne nous a-t-elle dessinés comme elle a fait que pour défigurer son ouvrage ? Je ne saurais me le persuader. Les proportions exactes de nos membres, la tournure de nos jambes, celle de nos épaules et de notre taille sont sans doute des ornements qu'elle n'avait pas dessein que nous cachassions. Ainsi je ne puis m'imaginer que mon opinion soit un effet du préjugé quand j'ose décider en faveur d'un habit qui paraît le plus conforme aux intentions de la nature. Les Turcs se doutent si peu qu'il y ait un mérite à avoir la taille belle, que les femmes les plus rondes et les plus potelées sont celles à qui ils donnent la préférence. Les Anglaises vraisemblablement ne feraient pas fortune dans ce pays-là.

Au reste, je n'en serais pas étonné : *sunt certi denique finis... etc.*[47] Il y a des bornes en tout, et l'on peut dire, sans offenser le beau sexe anglais, que leur taille jure un peu contre le naturel. Mes observations n'étaient ni assez sérieuses, ni assez importantes à Constantinople pour m'occuper assidûment, comme il est aisé de le comprendre. J'étais le plus souvent chez M. de Castelane, ou chez M. de Carlson,[48] envoyé extraordinaire de Suède. Le premier nous reçut très bien, et en qualité de chef de la nation, fit parfaitement les honneurs de chez lui.

Le second nous traita en ami de tout ce qui portait le nom français. Un jour dans une fête que nous donnait M. de Carlson, j'eus le plaisir d'entendre de la musique turque. Je dis le plaisir, à cause de sa singularité, car [ni] leurs instruments ni leur chant ne me parurent rien moins qu'agréables. Une espèce de violon—qu'on disait être le plus habile symphoniste des plaisirs du Grand Seigneur—nous agaçait les dents par les sons aigus que produisait son barbare archet. Après quoi un chanteur, aussi du premier ordre, nous hurla, avec des nasonnements insupportables, l'air le plus mélancoliquement baroque[49] qu'il soit possible d'entendre. Plusieurs personnes de l'auditoire, nées en Turquie, applaudissaient de la meilleure foi du monde par de grandes exclamations aux talents suprêmes de ces deux personnages. Ces applaudissements me faisaient pitié. Je ne pouvais concevoir qu'une symphonie qui m'écorchait les oreilles, et qu'une voix glapissante qui sortait de la racine du nez, pût [purent] jamais trouver des partisans. Mais j'eus lieu d'être bien plus surpris lorsque, dans une autre occasion où nous voulûmes donner un plat de notre métier[50] à ces mêmes gens-là, nos instruments et nos voix ne furent applaudis que par des éclats de rire aussi scandaleux qu'humiliants. Je me souvins alors d'un de nos proverbes, qui dit, qu'on ne doit jamais disputer des goûts, ni des couleurs.[51]

En effet, le goût est arbitraire, et c'est une sorte de tyrannie de prétendre asservir les autres aux siens. Ce n'est pas une preuve parce que nous avons adopté la mélodie et la douceur dans notre musique, que les sons aigus et perçants ne puissent avoir leur mérite. Tout dépend en ce monde de la manière dont nous sommes élevés et de l'habitude. Certaines oreilles peuvent être affectées aussi délicieusement des bruits aigres qui nous rebutent qu'elles sont choquées de la douceur des sons que nous aimons. Il n'y a point de règle fixe en fait de plaisir et d'agrément. Nous trouvons que c'est un défaut ridicule et insupportable de chanter du nez, et les amateurs de ce goût haussent les épaules et font la grimace quand ils nous entendent fredonner du gosier. Qui a raison ou tort ? La question est, je crois, difficile à décider. Personne n'étant juge en sa propre cause, on ne saurait avancer sans témérité qu'un homme qui aime la moutarde soit de plus mauvais goût qu'un autre qui aime les confitures. Ce que l'on peut dire de plus raisonnable pour n'offenser aucun parti, c'est que tout est également ridicule ici-bas, et que la perfection des choses ne consiste que dans l'opinion qu'on s'en fait.

Je ne trouvai pas à Constantinople la même difficulté que j'avais trouvée à Marseille pour obtenir mon passage sur les vaisseaux du roi. M. le chevalier de Glandevès voulut bien me recevoir sur celui qu'il commandait. Je ne saurais être trop reconnaissant des bontés que lui et M. son frère ont eues pour moi pendant mon trajet jusqu'à Toulon. Ce serait ici la place de leur renouveler mes remerciements, si je ne craignais que leur modestie n'en souffrît.

Les vents étant toujours contraires, nous fûmes obligés de nous faire remorquer pour sortir de la rade. Après deux jours de navigation, le calme nous prit quasi à l'extrémité du canal. Nous y restâmes mouillés trois ou quatre jours du côté de l'Asie. Enfin, un vent petit frais venant à souffler, M. de Caylus tira son coup de canon de partance. Nous serpâmes[52] l'ancre et nous appareillâmes.

Notre vaisseau s'appelait *l'Heureux*. Je n'en ai jamais connu de si mal baptisé. Le maudit coche[53] (car c'en était un pour la pesanteur) refusa de gouverner, et malgré tout ce que l'on pût faire pour le mettre en route, il obéissait aux courants, et s'en allait son petit train à terre.

La crainte d'échouer répandit l'alarme parmi l'équipage. Heureusement M. de Glandevès, que son sang froid n'abandonna point, fit mettre le canot à la mer, et porter un grelin[54] avec une petite ancre au milieu du canal, sur quoi nous nous touâmes[55] et gagnâmes le large. Néanmoins le navire refusant toujours d'obéir, nous passâmes à reculons le détroit des Dardanelles, et reçûmes en cette posture le salut des châteaux.[56]

Messieurs les Turcs saluent ordinairement à balle en cet endroit-là pour faire connaître qu'on ne passe point devant eux impunément et contre leur gré. L'on peut juger de quel calibre sont leurs canons, les boulets ayant environ quinze ou dix-huit pouces de diamètre. *[56] On leur voit quelquefois faire vingt ricochets sur l'eau et passer d'un rivage à l'autre.

J'avais compté que nous irions à Smyrne. J'aurais fait ce voyage avec d'autant plus de plaisir que je m'attendais à y voir quelques reliques de l'ancienne Ephèse, où a vécu cette fameuse matrone[57] qui nous a laissé tou[s] ensemble l'exemple le plus signalé de la constance et de la légèreté des femmes. Là, je me proposais de prendre les dimensions de ce superbe temple de Diane, construit à si grands frais, et qu'un célèbre fou brûla seulement pour faire parler de lui.†[58] Mais notre commandant ayant changé de résolution, nous poursuivîmes notre route, et fûmes mouiller devant Chio.[59] Je suis étonné que les poètes n'aient pas donné la préférence à cette île sur celle de Serigue[60] pour y établir le principal manoir du fils de la belle Cypris.‡[61]

C'est, sans contredit, une des plus agréables et des meilleures îles de l'archipel. Il faut croire pour l'honneur et la justification de ces illustres prôneurs de Cythère, que c'était jadis un séjour délicieux, mais que tout en a dégénéré depuis jusqu'au terrain.

J'ai trouvé les femmes de Chio aussi aimables, que singulièrement ajustées. C'est une perfection pour elles d'avoir les épaules extrêmement rondes et élevées, et comme la nature ne saurait se prêter à leur manie, l'art supplée à son défaut par des espèces de casaquins[62] rembourrés

---

* *Note de 1761*: Ils [les balles] sont de pierre.

† *Note de 1761*: Erostrate.

‡ *Note de 1761*: autrefois Cythéra.

de l'épaisseur d'environ quatre doigts. Leur jupe est attachée sous les aisselles, et déborde de fort peu les genoux. C'est encore un mérite chez elles d'avoir les jambes toutes d'une venue, et de la forme à peu près d'une colonne. Je laisse à penser si quelqu'un de nous aurait beau jeu en ce pays-là à vouloir tirer vanité de la finesse des siennes. Que peut-on inférer de tant de façons de se vêtir et d'agir si opposées dans le monde sinon que tout ce qui est de mode est toujours censé raisonnable ?

Nous partîmes de Chio avec un vent arrière et forcé qui nous mena à Malte. Il était temps que nous y arrivassions. Notre pauvre vaisseau l'Heureux ayant beaucoup souffert et presque perdu son gouvernail.

On s'attend sans doute que je vais parler des religieux militaires de l'Ordre de saint Jean de Jérusalem,[63] de la situation de leur île, de la manière dont elle est fortifiée et de la beauté de la ville. Peut-être se flatte-t-on aussi que je dirai quelque chose des plaisirs innocents de ces pieux défenseurs de la foi, de leurs opéras, en un mot, de ces charmantes cantatrices que les baillifs,[64] commandeurs et grands-croix entretiennent, et que les chevaliers greluchonnent.[65]

Je pense, en effet, que le sérieux de ces mémoires ne serait pas incompatible avec de semblables observations, mais malheureusement, je n'ai point eu la liberté d'en faire d'aucune espèce. On sait que tout vaisseau venant du Levant, dans quelque port ou havre qu'il aborde, doit faire quarantaine, et qu'on la fait plus ou moins longue, selon le degré de soupçon ou de crainte de ceux à qui l'on demande l'entrée.[66]

Messieurs les Maltais nous proposèrent un terme qu'on ne jugea point à propos d'accepter, ce qui fut cause que nous ne restâmes dans leur port que le temps nécessaire pour réparer notre gouvernail, après quoi nous partîmes. Il y avait alors dix-huit ou vingt vaisseaux de guerre anglais mouillés aux îles d'Hyères.[67] Quand nous approchâmes de ces parages, M. de Caylus fit le signal de combat.

Quoique la France et l'Angleterre n'eussent point encore rompu ouvertement,[68] il régnait depuis quelque temps une sorte de mésintelligence entre ces deux nations, qui occasionnait quelquefois de petites méprises, surtout si l'on se rencontrait pendant la nuit ; et après s'être bien canonné à la faveur des ténèbres, au lever du soleil on se séparait de bonne amitié avec des excuses et des politesses de part et d'autre. La tendresse aveugle que j'avais vouée aux Anglais, jointe à beaucoup d'indifférence pour acquérir de la gloire, me fit regarder ces préparatifs d'un œil fort mécontent.

Loin de témoigner aucun empressement à payer de ma personne en cas de nécessité, je souhaitais de tout mon cœur n'être pas obligé d'en courir le risque. Heureusement mes vœux furent accomplis. Nous nous trouvâmes maîtres du vent, et passâmes sans nul obstacle à la vue de la flotte. Un plumet*[69] étourdi, plein des préjugés de son état, blâmera indubitablement un aveu si sincère, mais il me suffit d'avoir l'approbation des gens raisonnables, et je me flatte qu'ils ne me refuseront pas.

En effet, si l'on s'était battu, et si, m'étant muni d'un mousquet comme les autres, j'eusse eu un bras ou une jambe emportée, un œil hors de la tête, ou la mâchoire fracassée, je voudrais bien savoir ce qu'il m'en serait revenu. Car en qualité de passager, je ne pouvais pas m'attendre que la cour récompensât mon zèle, et qu'elle me fît la grâce de me conférer des dignités et des gratifications qui n'appartiennent qu'à ceux qui professent le métier des armes.

Néanmoins, supposé que contre toute espérance, on m'eût traité en militaire, deux doigts de ruban couleur de feu à ma boutonnière ou une modeste annuité m'aurait-elle jamais fait oublier la soustraction de quelqu'un de mes membres ? Et l'honneur d'étayer mon corps chancelant sur deux potences, ou de ne me moucher jamais que d'une seule main, eut-il été un équivalent au plaisir d'être bien ferme sur mes deux pieds et de pouvoir me soulager à ma fantaisie de la droite et de la gauche ?

Je ne crois point qu'on puisse me faire voir en cela un dédommagement réel. Au contraire, je suis bien assuré qu'il n'est pas un de ces illustres et glorieux mutilés qui ne sacrifiât tous les lauriers de Mars pour recouvrer son premier état, si la chose était en son pouvoir. Quant à moi qui ne trouve rien de trop dans mon individu, et qui en aime toutes les proportions, je n'en céderais pas un scrupule pour cent quintaux[70] de gloire.

Les Anglais, ainsi que je l'ai dit ci-dessus, ne pouvant sortir de la rade d'Hyères, nos vaisseaux entrèrent paisiblement dans celle de Toulon. On ne nous y obligea qu'à huit jours de quarantaine, pendant lesquels nous fûmes deux ou trois fois au lazaret[71] prendre l'agréable parfum de paille et de savates mouillées auxquelles on met le feu. Si ce

---

* *Note de 1761*: Un jeune homme qui porte des plumes. Il ne se dit en ce sens qu'en raillerie ou par mépris.

n'est pas un spécifique[72] sûr contre la peste, au moins puis-je certifier que c'en est un infaillible contre les bonnes odeurs. Dès que nous eûmes l'entrée, chacun se sépara et fut de son côté, comme firent jadis tous les êtres vivants, bêtes et autres, en sortant de l'arche de Noé.

Le lendemain, je pris la route de Paris, où peu de temps après mon arrivée, je fus attaqué d'une fièvre maligne, occasionnée sans doute par quelque esprit pestilentiel qui s'était glissé dans mon sang pendant mon séjour à Constantinople.[73] Ce qui me le fait croire, c'est une quantité de froncles[74] qui me sortirent de tout le corps, et particulièrement de dessous les aisselles. Si jamais j'ai craint d'aller conférer avec les anges, ce fut dans le cours de cette maladie qui fut des plus aiguës et des plus longues.

Enfin, grâce à mon tempérament, et peut-être à un demi tonneau d'apozèmes[75] qu'un bourreau de la faculté me fit avaler, j'en échappai. À peine fus-je rétabli, que je jetai la plume au vent pour savoir quel chemin je prendrais ; car j'avais formé le projet, avant de revoir l'heureuse Albion, de parcourir la plus grande partie de l'Europe. Le sort me mena en Italie. Je répéterai ici, de peur qu'on ne l'ait oublié, que ne voulant être ni journaliste, ni compositeur de voyages, je ne m'arrêterai point à faire le plan des différents endroits où j'ai passé, ni à retracer les mœurs et les coutumes des peuples que j'ai pratiqués. Il n'y a déjà que trop de fastidieux ouvrages de cette espèce dans le monde. Ce n'est pas la peine que j'en augmente le nombre par des imitations ou des redites. Le seul but que je me propose est de jeter sur le papier les réflexions que je fais en me promenant, ainsi que le hasard et l'occasion me les suggèrent. Il s'en présente une maintenant à mon esprit que ma franchise ne me permet pas d'omettre. C'est qu'après avoir beaucoup vu, je me trouve un peu moins sot sans en être devenu meilleur : *cœlum non animum mutant, qui transmare current etc.*[76]

On a beau changer de climats, le caractère ne change point. On porte partout avec soi le cachet de la nature. En vain les Anglais quittent leur pays et parcourent les différentes contrées de l'Europe, ils reviennent chez eux, toujours les mêmes, sombres, mélancoliques, rêveurs, et généralement misanthropes. Comme je suis né d'un tempérament à peu près semblable au leur, le plus grand fruit que j'ai tiré de mes voyages ou de mes courses est d'avoir appris à haïr par raison ce que je haïssais par instinct.

Je ne savais point jadis pourquoi les hommes m'étaient odieux. L'expérience me l'a découvert. J'ai connu à mes dépens que la douceur de leur commerce n'était point une compensation des dégoûts et des désagréments qui en résultent. Je me suis parfaitement convaincu que la droiture et l'humanité ne sont en tous lieux que des termes de convention qui n'ont au fond rien de réel et de vrai ; que chacun ne vit que pour soi, n'aime que soi ; et que le plus honnête homme n'est, à proprement parler, qu'un habile comédien qui possède le grand art de fourber sous le masque imposant de la candeur et de l'équité ; et par raison inverse, que le plus méchant et le plus méprisable est celui qui sait le moins se contrefaire.

Voilà justement toute la différence qu'il y a entre l'honneur et la scélératesse. Quelque incontestable que puisse être cette opinion, je ne serai pas surpris qu'elle trouve peu de partisans. Les plus vicieux et les plus corrompus ont la marotte de vouloir passer pour gens de bien. L'honneur est un fard dont ils font usage pour dérober aux yeux d'autrui leurs iniquités. Pourquoi la nature ingrate m'a-t-elle dénié le talent de cacher ainsi les miennes ?

Un vice ou deux de plus—je veux dire, la dissimulation et le déguisement—m'auraient mis à l'unisson du genre humain. Je serais, à la vérité, un peu plus fripon. Mais quel malheur y aurait-il ? J'aurais cela de commun avec tous les honnêtes gens du monde. Je jouirais, comme eux, du privilège de duper le prochain en sûreté de conscience. Mais vains souhaits ! Inutiles désirs !

C'est mon lot d'être sincère, et mon ascendant, quoique je fasse, est de haïr les hommes à visage découvert. J'ai déclaré plus haut que je les haïssais par instinct, sans les connaître. Je déclare maintenant que je les abhorre parce que je les connais, et que je ne m'épargnerais pas moi-même, s'il n'était point de ma nature de me pardonner préférablement aux autres.

J'avoue donc de bonne foi que de toutes les créatures vivantes, je suis celle que j'aime le plus sans m'en estimer davantage. La nécessité indispensable où je me trouve de vivre avec moi veut que je me sois indulgent et que je supporte mes faiblesses. Et comme rien ne me lie aussi étroitement avec le genre humain, on ne doit pas trouver étrange que je n'aie pas la même complaisance pour les siennes. Ces lâches égards dont les hommes trafiquent entre eux sont des grimaces auxquelles mon cœur ne saurait se prêter.

On a beau me dire qu'il faut se conformer à l'usage ; je ne consentirai jamais à écouter un original qui m'ennuie, ni à caresser un faquin que je méprise, encore moins à prodiguer mon encens à quelque scélérat. Ce n'est pas que je croie mieux valoir que le reste des humains; à Dieu ne plaise que ce soit ma pensée! Au contraire, j'avoue de la meilleure foi du monde que je ne vaux précisément rien, et que la seule différence qu'il y a entre les autres et moi, c'est que j'ai la hardiesse de me démasquer, et qu'ils n'osent en faire autant. En un mot, à l'imitation de l'abbé de B. M.*†77 qui révéla le secret de l'Église, je révèle celui de l'humanité, c'est-à-dire, qu'à la rigueur il n'y a point d'honnêtes gens.

—Quelle infamie! se récrieront la plupart de mes lecteurs. Peut-on avancer un paradoxe aussi téméraire? Il n'y a point d'honnêtes gens! Et qui sommes-nous donc?

—Je l'ai déjà dit. Qu'est-il besoin de le répéter?

—Miséricorde! continueront-ils. Que serait-ce des principes et de la morale, si on admettait une semblable opinion?

—Je réponds à cela, que les principes et la morale n'en existeraient pas moins, et qu'ayant été fondés nécessairement à l'occasion de la méchanceté des hommes, ils ne sauraient jamais manquer.

Ce n'est pas le but des lois et de la bonne discipline de changer l'ouvrage de la nature et de refondre nos cœurs. Leur intention seulement est de nous empêcher de nous livrer à nos criminels penchants. On ne rend personne responsable de son mauvais fonds, mais de ses mauvaises actions. Ce qui nuit à la société, c'est l'accomplissement du mal et non pas l'envie secrète de le faire. Sans le préjugé de la réputation et la crainte des châtiments, on n'aurait jamais connu le nom de vertu. Ce sont ces deux liens qui retiennent les hommes et font leur sûreté réciproque. On sera peut-être surpris qu'avec des sentiments si extraordinaires, je puisse demeurer dans le tumulte du monde. Mais il faut que l'on sache que je suis un être isolé au milieu des vivants, que l'univers est pour moi un spectacle continu où je prends mes récréations gratis, et que je regarde les humains comme des bateleurs78 qui me font quelquefois rire, quoique je ne les aime, ni ne les estime.

D'ailleurs, on ne saurait être éternellement livré à soi-même. Un peu de compagnie, bonne ou mauvaise, aide à passer le temps. J'ai remarqué que le seul moyen de se rendre la vie gracieuse dans le commerce des hommes, c'est d'effleurer leur connaissance et de

---

* Il dit un jour, perdant son argent à l'hôtel de Gêvres, qu'il n'y avait point de Purgatoire. (hôtel de Feires dans les éditions avant 1761).

† *Note de 1761*: l'abbé de Bois-morant, ex-jésuite, joueur de profession, honnête homme d'ailleurs et très bon écrivain.

les quitter pour ainsi dire sur la bonne bouche,[79] car le dégoût est toujours la suite d'un approfondissement trop exact.

Voilà l'avantage qu'ont les voyageurs. Ils passent d'une liaison à l'autre sans s'attacher à personne. Ils n'ont ni le temps de remarquer les défauts d'autrui, ni celui de laisser remarquer les leurs. Chacun leur paraît aimable ainsi qu'ils le paraissent à chacun. Combien de gens dans le monde qui, faute de m'avoir connu, m'ont honoré de leur estime et m'accableraient peut-être aujourd'hui des mépris les plus humiliants s'ils avaient eu le loisir de me voir à découvert!

Combien aussi de ces messieurs, de qui j'ai conçu les idées les plus avantageuses sur quelques dehors brillants, qui n'eussent jamais été que des faquins à mes yeux si je les avais fréquentés quelques jours de plus. Nous ressemblons assez généralement à de certaines étoffes dont le premier coup d'œil séduit et flatte la vue et qui deviennent affreuses à l'user. J'en ai souvent fait, à ma honte, la mortifiante expérience. Mille gens, en mille endroits, se sont empressés à me connaître sur quelque réputation que le public me faisait l'honneur de me prêter. Rien de plus chaud, de plus animé que les premières entrevues. J'étais un homme charmant, adorable. Tout ce que je disais était divin, les choses les plus communes prenaient un tour heureux dans ma bouche.

Mais enfin, qu'est-il arrivé? L'illusion a cessé. On a pesé mon mérite, et je suis resté seul. Une séance ou deux de moins m'aurait peut-être conservé ma réputation. Je le répète, si nous voulons tirer parti de la société des hommes, voyons-les superficiellement, de crainte qu'à la longue ils ne nous usent et que nous ne devenions les objets de leur indifférence. Pour une première fois, c'est assez métaphysiquer[80] sur le cœur humain. Laissons prendre haleine aux lecteurs, et transportons-les au pays de papimanie.[81]

Après un mois de fatigues, j'arrivai dans cette fameuse ville qui fut autrefois la capitale de l'univers, et l'est encore aujourd'hui de tout le monde chrétien. J'ai vu sur le trône des césars une espèce d'enchanteur qui jadis, par son charlatanisme, s'était acquis une autorité si absolue chez la plupart des peuples de l'Europe qu'il avait rendu les souverains ses tributaires et disposait de leurs couronnes à son gré. Mais sa tyrannie insupportable ayant fait ouvrir les yeux au plus grand nombre de ses sectateurs, son crédit a tellement diminué qu'il n'a plus aujourd'hui qu'une ombre de souveraineté et se voit réduit à vendre des amulettes qu'il prétend guérir de tous maux, pourvu que l'on y ait foi. Il se vante aussi de posséder entre autres merveilleux secrets de cette espèce, une pierre à détacher[82] qui enlève jusqu'aux moindres souillures de l'âme.

Quoiqu'il en soit, il y a environ deux siècles qu'un couple d'empiriques, l'un nommé Martin, l'autre Jean,[83] par jalousie de métier, décrièrent ses drogues et distribuèrent les leurs avec tant de succès, qu'ils lui enlevèrent la moitié de ses pratiques. Tout le bien que ce partage a opéré, c'est qu'auparavant il fallait prendre ou de force ou de gré ses paquets, et que l'on a maintenant la liberté du choix.

Cet enchanteur a un tic fort singulier lorsqu'il paraît en public. C'est de fendre et de chasser continuellement l'air avec deux doigts comme si les mouches l'incommodaient.[84] Néanmoins ayant prévu le ridicule qu'une semblable habitude pourrait répandre sur sa personne, il a fait insinuer au peuple que c'est aux esprits de ténèbres qu'il en veut, et non pas aux mouches. Ce qui a donné un si grand crédit à ses gesticulations que chacun se prosterne au moindre mouvement qu'il fait. Ainsi le prophète Mahomet sut tirer avantage d'une épilepsie à laquelle il était sujet en persuadant à ses imbéciles musulmans que c'était l'ange Gabriel qui l'agitait quand l'accès le prenait.[85] Voilà comme les grands profitent de la crédulité des petits et leur font adorer jusqu'à leurs faibles.

Quelques jours après mon arrivée à Rome, je fis liaison avec un soi-disant gentilhomme du pays, qui avait voyagé en France et dans divers autres endroits de l'Europe. Notre connaissance se fit à la française, c'est-à-dire, dès la première entrevue, et dans le très court espace que l'on emploie à prendre son café. Ce gentilhomme, ou plutôt cet homme gentil, se faisait appeler le comte de B..., titre frivole que l'on ne prodigue pas moins en Italie, que celui de baron en Allemagne.[86] Au reste, monsieur le comte qui, par parenthèse, n'était autre chose que le fruit des œuvres de certaine éminence avec la fille d'un de ses domestiques, était un garçon d'un commerce charmant, et méritait par excellence le titre d'agréable débauché.

Il avait toutes les perfections des gens de qualité. Il s'enivrait, déshonorait des femmes, friponnait au jeu, ne disait pas un mot de vrai. En un mot, il empruntait et ne rendait jamais. Le cardinal son père lui avait légué à sa mort environ deux mille écus romains une fois payés.[87] Muni de cette somme dont il ne pouvait tirer qu'un médiocre revenu, il aima mieux s'en servir à voir le monde, et à tenter fortune chemin faisant. Ce dernier projet ne lui réussit pas. Il revint dans sa patrie après trois ans d'absence, chargé d'érudition et de belles manières, mais n'ayant pas un sol.

Néanmoins son origine n'étant pas ignorée des conclavistes, les plus charitables d'entre eux, ou, pour mieux dire, les plus galants, lui donnaient des gratifications annuelles, au moyen de quoi il faisait une assez passable figure et soutenait aussi fièrement l'honneur de la [du] comté, que s'il fût descendu de Pierre de Provence.[88]

Nous étions devenus, M. le comte et moi, si bons amis, qu'il ne se fit aucun scrupule de me procurer la connaissance du doux objet de ses tendres feux. Je ne sais si je ne lui aurais pas eu plus d'obligation de n'avoir point poussé la complaisance jusque-là. Ce qu'il y a de constant, c'est que je gagnai un fort vilain mal, lequel j'ai fait circuler depuis dans le cours de mes voyages par esprit d'économie pour n'y pas revenir à plusieurs fois.[89] Ce petit accident, joint à la perte d'environ quarante sequins[90] que m'avait escamoté cet aimable compagnon de débauche, rompit tout à coup la douce harmonie de nos cœurs, et notre désunion fut aussi prompte que notre liaison l'avait été.

Comme j'avais lieu de regretter un temps si mal employé jusqu'alors, je résolus de profiter de celui qui me restait pour voir les précieux débris des monuments de l'Antiquité et tous ces chefs-d'œuvre de l'art qui font l'admiration universelle. Que n'ai-je le goût exquis, le savoir consommé, et le talent merveilleux de peindre de ces fameux littérateurs qui ont le secret unique de nous représenter sous les plus pompeuses images, des choses dont ils n'ont pas les premiers éléments, moyennant une demi douzaine de mots d'emprunt.*[91] Ce serait, sans doute, une belle occasion de passer pour un virtuose à bon marché. Les termes d'architraves,[92] de frises, de chapiteaux, de bas reliefs, ceux de dessein, de composition, de coloris, de réflexe, distribués sagement et avec économie, relèveraient admirablement une description et ajouteraient beaucoup au mérite de son auteur. Mais mon insuffisance ne me permet pas de faire de pareils essais. Je me contenterai de dire, sans prendre ce ton décisif qui ne me va point, que j'ai vu de grands morceaux dans toutes sortes de genres dont j'avoue n'avoir que bien faiblement apprécié les beautés, faute d'être initié dans les mystères des gens de la profession.

Qu'il me soit permis pourtant d'observer en passant, qu'on pousse un peu trop loin la prévention pour les Anciens, et qu'il y a une sorte

---

* L'abbé Desfontaines était de ceux-là.

de fanatisme et d'idolâtrie à vouloir leur donner la prééminence en tout.

Il est faux de soutenir qu'on ne puisse les imiter, encore moins les égaler. Sans vouloir me donner le ridicule que je viens de fronder en approfondissant une matière qui n'est pas de ma compétence, je ferai voir (et je ne suis en cela que l'écho des gens de goût) qu'en une infinité de choses les Modernes ne sont pas inférieurs aux Anciens, et qu'ils les surpassent même en beaucoup de rencontres.

Par exemple, quel monument peut être mis en parallèle avec l'église de Saint-Pierre[93] pour la magnificence, l'étendue, les proportions, et l'élégance de l'architecture ? Que peut-on comparer à cette superbe colonnade du vieux Louvre,[94] qui enchante également les yeux du stupide ignorant et du connaisseur judicieux ? Combien enfin trouve-t-on de statues supérieures, ou, pour mieux dire, combien en trouve-t-on qu'on puisse mettre à côté de celles du Puget ?[95] S'il leur manque quelque chose, ce ne peut être que la vétusté,[96] pour laquelle on a par préjugé un respect si aveugle, que souvent les ouvrages les plus communs marqués à son coin,[97] sont d'un prix inestimable.

La mosaïque est, sans doute, fort ancienne, mais que celle des siècles passés est grossière auprès de celle d'aujourd'hui ! On a depuis quelques années le secret d'exécuter des tableaux en ce genre avec tant de délicatesse et d'art, que l'œil s'y méprend et les croit faits au pinceau. La première fois que je vis ceux de Saint-Pierre, je m'y trompai, et ce ne fut qu'après qu'on m'eût averti, et que je les eus considérés plus attentivement, que je reconnus mon erreur. Que ceci suffise pour faire connaître que je ne suis pas de ces enthousiastes qui décrient tout ce qui n'est point du vieux temps, et ne jugent de l'excellence des choses que par leur date.

Combien de gens paient cher cette ridicule manie ! On me montra à Rome un antiquaire qui avait acheté deux cents sequins une prétendue médaille d'Othon,[98] entièrement méconnaissable et rongée de vert-de-gris. Celui qui la lui avait vendue était graveur. Quoiqu'il fût très habile homme, il avait le défaut d'être moderne. C'en était assez pour qu'on fît peu de cas de ses ouvrages, de façon qu'avec beaucoup de talents le pauvre diable mourait de faim. La nécessité lui inspira un moyen de se venger de l'injustice qu'on lui faisait, et de rire aux dépens des sots. Il contrefit des antiques et y réussit à un tel point de perfection, que les plus savants dans ce genre d'étude en furent les dupes.

Cette industrieuse tromperie a opéré deux biens réels. D'un côté, elle a procuré du pain à un excellent artiste qui en manquait, de l'autre, elle a puni et peut-être guéri nombre de cette espèce de fous entêtés qui sacrifient tout ce qu'ils possèdent pour faire un ramas de chétives et frivoles antiquailles.

Les Anglais étaient autrefois extrêmement entichés de ce faible dispendieux, mais on les en a un peu corrigés à force de les redresser. Maintenant la plupart se contentent de faire leur tour de l'Europe en poste, extrêmement attentifs pendant le voyage à tenir une note des endroits où l'on change de chevaux, et de ceux où l'on boit le meilleur vin. Et quand après deux ou trois ans d'absence, ils rapportent chez eux quelque bronze mutilé, ou quelque vieux chiffon de peinture, on trouve alors qu'ils ont très bien employé leur temps, et on les regarde comme des gens éduqués au parfait.

Mais revenons à ce qui me concerne. Depuis que j'avais rompu avec M. le comte, je trottais toute la journée comme un coureur de bénéfices pour voir des curiosités et semer des testons.* Je ne rougirai point d'avouer que parmi tant de belles choses que j'ai vues, il y en a beaucoup que je n'ai trouvées telles que sur la foi d'autrui, et point du tout sur le rapport de mes yeux. Puisse cet aveu sincère de mon ignorance servir de leçon à ces dissertateurs indiscrets et bavards qui ont la fureur éternelle de juger de ce qu'ils n'entendent pas, et qui, comme le marquis de Mascarille,† savent tout sans avoir rien appris.[99]

Il n'y a, pour le malheur des oreilles délicates, que trop d'impertinents de cette espèce dans le monde. Je le confesse à ma honte. J'ai souvent mérité une pareille épithète. Au reste, il est peu de voyageurs qui ne soient dans le même cas. On aime naturellement à parler ; des sots écoutent avec complaisance ; cela donne du courage à l'orateur ; les applaudissements le flattent ; il se laisse entraîner au plaisir de tenir le dé dans la conversation ; il s'y habitue bientôt. Enfin, il prend un ton avantageux indistinctement avec les gens raisonnables ainsi qu'avec les imbéciles et finit par être le fléau et la bête noire des sociétés. Concluons de là que les voyages font généralement plus de mal que de bien, et qu'à moins d'être doué de ces heureuses dispositions que la nature avare n'accorde qu'à ses élus,

---

* *Note de 1761*: Ancienne monnaie d'argent. Le teston vaut trois paules, ce qui fait à peu près trente-trois sols de notre monnaie.

† *Note de 1761*: Personnage des *Précieuses ridicules* de Molière.

on court risque de revenir dans sa patrie un peu plus ridicule qu'on n'en était sorti. Qu'un sot aille d'un pôle à l'autre. Avant son départ on le supportait; on avait pitié de sa stupidité. À son retour chacun le fuit; c'est un monstre, un animal à jeter par les fenêtres.

Ô vous! Scrupuleux et froids observateurs de l'ordre, qui aimez mieux des pensées liées, vides de sens, que des réflexions décousues, telles que celles-ci, quoique, peut-être, assez bonnes, ne perdez pas votre précieux loisir à me suivre car je vous avertis que mon esprit volontaire ne connaît point de règle et que, semblable à l'écureuil, il saute de branche en branche, sans se fixer sur aucune. Apprenez que ce n'est pas la symétrie d'un repas qui constitue l'excellence des mets, et que le festin le mieux ordonné n'est pas toujours celui où l'on fait meilleure chère. Qu'importe que des idées soient analogues ou non, pourvu qu'elles soient justes et sensées. C'est là l'essentiel.

Mais vous voulez savoir ce que j'ai remarqué à Rome. Rien que d'excellent et d'admirable. C'est un vrai pays de Cocagne.[100] On y vit comme on veut. On s'y réjouit beaucoup. On y prie Dieu couci-couci,[101] et par-dessus le marché, on y fait son salut plus aisément qu'ailleurs, étant à la source des pardons, et pouvant les avoir de la première main.

Il y a, à propos de cela, un usage établi dans Saint-Pierre pour la commodité des pécheurs qui est bien édifiant, et il serait à souhaiter que tous les peuples sous l'obéissance du Saint Pontife jouissent d'un pareil avantage. Les directeurs de conscience se mettent à certaines heures en faction dans leurs confessionnaux, ayant à la main une longue baguette dont ils donnent un coup sur la tête des fidèles qui se prosternent devant eux. On m'a assuré que ce coup de houssine[102] avait la vertu merveilleuse d'effacer les péchés véniels, en fût-on chargé d'une quantité innombrable. Que ne peut-on de la même manière enlever les péchés mortels! Mais en tout il faudrait, eu égard à la pesanteur de ces derniers, se servir d'une massue pour les déraciner. Le remède serait violent et de dure digestion. C'est ce qui fait, sans doute, qu'on n'en use point.

Vous me demanderez peut-être encore si j'ai baisé la pantoufle mirifique,[103] la sacrée babouche de celui qui représente Dieu en terre? Non, je ne m'en suis pas cru plus digne que maître François.[104] C'eût été trop d'honneur pour moi d'embrasser en tremblant ses vénérables postères, voire même ses graves et chastes génitoires.[105]

J'ai eu néanmoins le bonheur de recevoir quelquefois à demi portée de carabine sa sainte bénédiction qui, dans le fond, est aussi bonne de loin que de près. On m'a soutenu que quiconque mourrait en recevant cette insigne faveur, son âme irait en paradis droit comme une fusée, fût-elle noircie des iniquités les plus énormes. Puissé-je à si bon marché obtenir la rémission des miennes à la fin de mes jours, pourvu que ce ne soit pas sitôt ! Ah ! Qu'il fait beau le voir ce bienheureux successeur de Pierre lorsque les cardinaux prosternés à ses pieds lui paient leurs adorations et baisent ainsi qu'une relique sa précieuse dextre sans mistoufle ![106] Cet acte authentique d'humilité de la part de tant de saintes âmes, n'est-il pas une preuve convainçante de l'excellence et de la suprématie de sa personne ? Et n'est-on pas damné dès ce monde *ex cathedra*,[107] quand, après avoir vu de ses yeux une cérémonie si religieuse, on ose révoquer en doute son infaillibilité ? Comme je ne sache plus rien de fort intéressant à débiter à mes lecteurs sur l'article de Rome, je les ferai passer, sous leur bon plaisir, à Naples. Ce sera autant d'ennui d'épargné pour eux et pour moi.

Je crois avoir lu dans *le Spectateur*[108] qu'un particulier de Londres fit le voyage du grand Caire à dessein seulement de prendre les dimensions et la hauteur des pyramides. Eh bien, j'ai l'honneur d'être le second tome de ce fou-là. Ce fut uniquement pour grimper sur le mont Vésuve que je pris la résolution d'aller à Naples. Il est aisé de juger à quel point ma curiosité fut satisfaite lorsqu'après avoir bien sué pour parvenir au haut du volcan, je ne vis qu'un large trou et beaucoup de fumée.

Cette démarche extravagante peut s'appliquer figurément au train ordinaire du monde. On se fait les fantômes les plus agréables des grandeurs, des titres et des rangs; on sacrifie tout pour y monter. Y est-on arrivé ? L'illusion cesse ; on voit qu'on n'a rien gagné, ou du moins bien peu de chose. Qu'un pareil texte ouvrirait un beau champ à l'éloquence de quelque humble porte-capuchon, pour reprocher aux hommes le mauvais usage qu'ils font de leur temps en courant après des chimères ! Et que la fumée du Vésuve lui fournirait de riches comparaisons sur l'instabilité et le néant de tout ce qui accompagne cette vie périssable !

Ce disert prêcheur s'écrierait, sans doute, avec l'*Ecclésiaste*: *vanitas... etc.,*[109] vanité des vanités et tout est vanité. Il aurait raison, et je ferais volontiers chorus avec lui, en répétant cette belle sentence que j'ai lue sur un cadran solaire : *sicut... etc.,* la gloire de ce monde passe comme l'ombre. Et les grands et les petits disparaissant avec elle, sont à jamais confondus dans la poussière, selon les paroles de Job.[110]

Mais, de peur de confondre aussi ma petite raison dans l'immense profondeur de ces affligeantes idées, faisons trêve de morale, et changeons de matière. Si l'aspect hideux du volcan avait eu de quoi me déplaire et me donner de l'humeur, en revanche, Naples et ses environs me plurent infiniment. Ceux qui ont quelque connaissance de la théologie païenne trouvent beaucoup à s'amuser du côté de Baies. On y voit le lac d'Averne[111] ou d'enfer. La saleté de son eau et la tristesse du lieu sont assez conformes à ce qu'en ont écrit les poètes. Quant aux vapeurs infectes qui en sortaient autrefois et tuaient les oiseaux au vol, il n'en est plus question maintenant. Les moineaux, les merles et les pies et toute la gent volatile peuvent y planer à leur aise sans aucun risque de mort subite.

Il y a encore sur un des côtés du lac les restes d'un temple anciennement consacré à Apollon. C'est là qu'on prétend que la Sybille lui prodiguait ses faveurs. Elle avait pratiqué pour cet effet un souterrain qui allait jusqu'au temple, et ce souterrain, qui subsiste encore en partie, fut appelé dès ce temps-là l'antre de la Sybille de Cumes,[112] et en a conservé le nom jusqu'aujourd'hui. Ce qui en reste m'a paru très beau et très bien percé. J'ai eu la curiosité d'aller jusqu'au bout, c'est-à-dire, jusqu'où l'on peut aller. On m'y fit voir, dans un petit espace séparé, la fontaine où la Sybille avait coutume de prendre le bain. J'en puis parler plus savamment que personne car j'y tombai tout de mon long, et en sondai la profondeur avec le nez par la faute de celui qui nous éclairait. Comme il y a fort peu d'eau et beaucoup de pierres, je risquai moins de me noyer, que de m'estropier. Heureusement j'en fus quitte pour une légère contusion au menton et une grande éclaboussure dont j'eus la basane[113] un peu rafraîchie.

Voici l'histoire de la Sybille dans un sens plus naturel. On dit que c'était une prude qui, pour jouir en secret des embrassements d'un prêtre d'Apollon, avait fait creuser cet antre, lequel aboutissait à la demeure de son amant. Elle avait eu l'art de faire accroire aux habitants de Cumes qu'elle ne se renfermait en ce ténébreux réduit que pour être plus recueillie, et n'être point troublée dans ses méditations. Ce stratagème lui réussit d'autant mieux que l'austérité apparente de ses mœurs l'avait mise en grand crédit parmi ses concitoyens. Le vulgaire crut insensiblement, la voyant s'absenter si souvent, que le dieu lui apparaissait en cet endroit et lui révélait ses mystères.

Ainsi l'amour fut de tout temps ingénieux à controuver des moyens pour cacher ses intrigues ; et l'ignorance superstitieuse, toujours avide du merveilleux, a souvent donné une interprétation sacrée aux démarches les plus profanes. Combien est-il encore aujourd'hui de fausses prudes qui, à l'exemple de la Sybille, savent se conserver l'estime et le respect général sans qu'il en coûte rien à leurs passions ! Combien d'hypocrites enfroqués, qui, couvrant comme elle leurs appétits luxurieux du voile imposant de la piété,[114] s'abandonnent à toutes sortes de débauches sans compromettre leur réputation !

Quiconque connaît un peu le plaisir, conviendra que ces honnêtes gens le goûtent d'une façon bien plus délectable que ceux qui vivent dans le tumulte du monde. Les devoirs de bienséance et de sagesse attachés à l'état qu'ils ont embrassé sont un frein qui irrite leurs désirs et les tient pour ainsi dire incessamment en haleine. Comme rien ne les dissipe, ils ont toujours le cœur plein de ce qu'ils aiment. Et le mystère et la contrainte sont chez eux — si j'ose user de cette expression — l'assaisonnement et la sauce des plaisirs. L'abnégation apparente de ces bons bigots est un raffinement inexprimable en matière de sensualité. Ils n'ont fait des douceurs de l'amour un fruit défendu que pour le trouver plus exquis, que pour le savourer plus délicieusement lorsqu'ils peuvent le cueillir à la dérobée.

C'est par une politique si bien entendue que les reclus de l'un et l'autre sexe goûtent des joies presque célestes, tandis que les gens du siècle, énervés[115] et languissants, agonisent d'ennui au sein même des voluptés.

Je ne puis m'empêcher de citer ici pour exemple des feux dévorants que recèle la robe monacale, une aventure qui m'arriva en Flandres. Je me trouvai un jour seul avec deux religieuses dans le carrosse de St à B. L'une était une vieille ratatinée presque aveugle qui grommelait ses *agnus*, et roupillait alternativement. L'autre un tendron[116] de dix-huit ou vingt ans d'une figure charmante, et douée de tous les appas dont les nonnains sont d'ordinaire pourvues. C'est-à-dire, qu'elle avait un teint frais et reposé, mêlé de roses et de lis, ni trop, ni trop peu d'embonpoint, les plus beaux yeux du monde, d'où s'échappaient les regards les plus vifs et les plus ardents malgré les efforts qu'elle faisait pour les rendre modestes. Ajoutez à cela deux globes jumeaux qui semblaient, par de continuels mouvements, vouloir se révolter contre la guimpe qui les resserrait. Dieux ! Il m'en souvient encore. Qu'ils étaient blancs, qu'ils étaient ronds, fermes et doux au toucher, car je les ai palpés, baisés, sucés ces adorables tétons. Jamais on ne se trouva dans une circonstance plus heureuse.

Nous avions été obligés de baisser les cuirs des portières pour nous garantir de la pluie et du vent. L'obscurité me rendit téméraire. Je feignis d'avoir laissé tomber un gant, et, en faisant semblant de le chercher, j'aventurai une main sous la robe de cette aimable enfant. Il lui prit alors un tressaillement qui m'annonça que je pouvais tout oser. Je la saisis entre mes bras, j'imprimai ma bouche sur ses lèvres brûlantes, et lui glissai un baiser à la façon des tourterelles. Ce baiser divin nous embrasa tous deux. En un mot, je crus dans l'ardeur de nos transports que nos âmes fondaient, se liquéfiaient, distillaient. Ah! Les succulentes créatures que ces vestales chrétiennes! Et qu'il est doux de leur faire transgresser le vœu de chasteté!

Je reviens au lieu de la sépulture de Partenopé*, et du poète de Mantoue†. Un ignorant dirait tout uniment Naples, mais un homme érudit n'est pas fait pour s'exprimer d'une manière si simple. Ce serait savoir en pure perte que de ne pas donner des preuves de ce que l'on sait. Les connaissances humaines sont à l'esprit ce que les ajustements sont au corps. On ne serait pas plus curieux d'orner et de parer l'un que l'autre, si l'on était séquestré pour jamais de tout commerce avec les hommes. C'est l'œil du public qui entretient en nous l'émulation et la vanité, et c'est ce même public, dont chacun ambitionne le suffrage, qui fait faire à l'imagination de si fréquents écarts, et lui fait enfanter tant d'inepties.

Parmi les merveilles de Naples on admire la grotte de Pousolo,[117] qui est un chemin d'environ sept à huit cents pas de long, percé dans une espèce de roc. La surprise néanmoins qu'un pareil ouvrage cause au premier instant diminue lorsqu'on vient à considérer la chose de près, et qu'au lieu d'une pierre dure et solide, on ne trouve qu'une terre liée d'argile et de sable. Je ne sais si le bout de chemin de Paris à Fontainebleau n'a pas coûté plus de peine à aplanir.

Pour ce qui est des prodiges de la nature, la Zolfatara[118] en est un digne de la curiosité universelle. Il n'est pas concevable quelle abondance de soufre s'évapore incessamment en fumée de cette montagne. Je ne suis pas étonné que l'on craigne d'être quelque jour abîmé sous les ruines du pays, car il y a lieu de croire que l'agitation et le combat perpétuel des matières inflammables l'ont miné de toute

---

* *Note de 1761*: C'était une des sirènes qui se précipita de désespoir de n'avoir pu toucher Ulysse.

† *Note de 1761*: Virgile.

part.[119] La grotte *del Cane*[120] est un petit espace de terrain où il fait si chaud qu'à la longue on s'y brûlerait les pieds.

C'est là que de pauvres chiens pour le profit de leurs maîtres, sont condamnés à souffrir les agonies de la mort toutes les fois qu'il y vient quelque étranger. On étend ces malheureux esclaves de Jean de Nivelle[121] et, à la minute même, les yeux leur sortent de la tête, ils tirent la langue, ils enflent, et ont des convulsions affreuses. Comme je n'aime point à voir souffrir le prochain, je fis cesser d'abord cette inhumaine expérience, et délivrai le patient qui était déjà tellement ivre, qu'à peine il pouvait se tenir sur ses jambes.

Il y a aussi dans le voisinage des étuves naturelles qu'on prétend avoir la vertu de purger le sang et de dégager la lymphe des concrétions occasionnées par un levain vénérien. Si la chose est vraie, les nourrissons de saint Côme[122] ne doivent pas faire un grand débit de leur vieil oing en ce pays-là. J'ajouterai à ces curieuses remarques celle du plus précieux monument de la persécution des vieux chrétiens.

Ce sont des souterrains immenses connus sous le nom de catacombes, où tous les fidèles se réfugiaient avec leurs familles pour se mettre à couvert de la barbarie des païens. Comme la plupart y ont été inhumés, c'est aujourd'hui le grand réservoir où l'on pêche les saintes reliques que le pape distribue à son église. Quelques vilains hérétiques ont voulu insinuer qu'il y avait eu aussi beaucoup de scélérats enterrés parmi ces honnêtes gens, et que l'on a peut-être souvent tiré de cette sacrée carrière le squelette d'un pendard pour celui d'un saint. Eh bien, admettons la méprise. N'est-ce pas la foi qui fait tout ? Quand le Saint Père aurait béni par mégarde la carcasse d'un roué ou d'un pendu, elle n'en serait pas moins bénite, ni moins digne de notre vénération. S'il est vrai, comme cela n'est pas douteux, qu'il ait le droit de consacrer une marionnette, un morceau de pierre ou de bois, qui peut lui contester celui de sanctifier des os vermoulus et d'en faire des reliquaires ? L'un ne me paraît pas plus difficile que l'autre.

Une chose encore admirable à voir, c'est le sang de saint Janvier* qui fermente et bouillonne ordinairement lorsqu'on en approche le chef. Il a néanmoins parfois des caprices, et ne veut point remuer quelque prière qu'on lui fasse, ce que l'on ne manque pas d'interpréter alors comme un mauvais présage. Cet accident arriva un jour en présence d'un protestant de distinction qui étant averti que la multitude s'en

---

* *Note de 1761*: Patron de Naples.

prenait à lui, se retira prudemment."¹²³ En effet, il n'eut pas le dos tourné, que le miracle se fit. Il y aura peut-être des esprits vétilleurs qui attribueront ce prodige à la malice des prêtres. C'est leur affaire. Quant à moi, je sais ce que j'en dois croire.

Dans la plupart des villes d'Italie on baptise les théâtres du nom de quelque saint, comme les églises. Celui de Saint-Charles¹²⁴ à Naples est un des plus grands et des plus superbes édifices que l'on puisse voir. Il a six rangs de loges. J'y vis représenter l'opéra devant leurs Majestés. C'était justement le jour de la fête du roi. La cour était en grand gala, c'est-à-dire, des plus brillantes. Si mes yeux furent satisfaits de la beauté du spectacle, mes oreilles le furent médiocrement du son mélodieux des voix par la difficulté de les entendre. Il me semble que dans un pays où l'on chante et où l'on ne hurle pas, des salles de médiocre grandeur seraient plus convenables. Je fais cette observation parce qu'on s'est toujours plaint que la salle de l'opéra de Paris¹²⁵ est trop petite, et ce n'est pas sans raison.

En effet, les choses doivent être proportionnées. Comme en France on se pique moins de chanter que de crier à tue-tête, et que c'est un mérite que de faire beaucoup de bruit et d'étourdir l'auditoire par de foudroyants éclats, les lieux destinés à cette sorte de tintamarre¹²⁶ ne sauraient être trop spacieux. Messieurs les Français voudront bien me pardonner la hardiesse que je prends de m'expliquer si librement sur leur maussade et assommante façon de glapir. Ma décision est d'autant moins suspecte de partialité et de préoccupation que personne jadis n'a plus goûté que moi l'art de rompre mélodieusement les oreilles à autrui. Et ce n'est qu'à force de m'être fait rire au nez, et d'entendre chanter ailleurs, que je me suis dépouillé du préjugé national à cet égard.

Les Italiens sont, sans contredit, les seuls qui sachent tirer parti de leurs gosiers, ce qu'ils doivent indubitablement à la douceur de leur langue. Car il serait absurde de croire que la nature leur eût donné le goût du chant exclusivement à tout autre peuple. On ne manque ni de goût, ni d'intelligence en France, et cependant, l'on n'y sait point chanter. D'où cela peut-il venir, sinon du défaut réel de l'idiome?

Ce qu'il y a de constamment vrai, c'est que de toutes les nations de l'Europe, la nation française est celle qui fait le plus de bruit, et touche le moins en chantant. Heureusement elle se suffit à elle-même, et se met peu en peine des applaudissements du dehors. La célèbre

---

* *Note de 1753*: L'amiral Byng dans son expédition de Sicile en 1718 ou 1719.

Mademoiselle Le Maure[127] avait assurément le plus beau son de voix du monde, mais elle n'était jamais plus applaudie que lorsqu'elle criait de toutes ses forces, et l'on appelait cela chanter au *parfait, à ravir, comme les anges, divinement*. Le fameux Farinelli[128] l'ayant entendue un jour, dit que c'était un magnifique diamant monté sur plomb. Cette comparaison est bien humiliante pour messieurs les badauds qui la regardaient comme la première chanteuse de l'univers. Néanmoins le sentiment de Farinelli est celui de tous les étrangers. Mademoiselle Le Maure, avec son organe céleste, aurait été sifflée partout ailleurs qu'en France. C'est en vérité dommage que notre langue ne puisse pas comporter un meilleur goût de chant.

Je ne répondrais pas, sans ce défaut-là, que nos opéras ne surpassassent ceux d'Italie, et peut-être trouvera-t-on, si l'on veut m'écouter, que je n'avance rien de trop. Il n'y a personne qui ayant lu les poèmes lyriques français et italiens, ne donne la préférence aux premiers. Il est certain que Quinault[129] et plusieurs autres modernes ont fait des chefs-d'œuvre en ce genre. *Armide, Phaéton, Atys, Issé, l'Europe galante, les Éléments*[130] sont pour la liaison des scènes, la beauté du dialogue et la délicatesse du madrigal, des morceaux incomparablement supérieurs aux plus parfaits opéras d'Italie. À l'égard de la musique, s'il est vrai que son excellence consiste dans l'art éloquent de représenter les passions au naturel, de rendre exactement le sens des paroles, de peindre, en un mot, la pensée, peut-on refuser ce talent merveilleux au grand Lully?[131] Combien compte-t-on de musiciens en Europe, je ne dis pas que l'on puisse mettre au-dessus, mais à côté de lui? Combien en trouvera-t-on qui aient connu l'harmonie comme Rameau?[132] Mais c'est un préjugé généralement reçu qu'il n'y a de bonne musique que celle qui nous vient de delà les monts, et c'est insulter au goût universel que d'oser n'être pas de ce sentiment.

Je voudrais pourtant bien demander à ces partisans entêtés du mérite des Italiens, ce qu'ils pensent du savant et gracieux Handel.[133] Je crois que, malgré leur préoccupation, ils ne refuseront pas de le mettre au premier rang des plus illustres musiciens. Et cependant Handel est allemand. Il faut avouer que la brillante renommée que l'Italie s'était acquise dans différents arts ne se soutient plus que par une vieille tradition. Elle a eu autrefois l'avantage de voir naître en son sein les plus grands peintres et sculpteurs, les plus habiles architectes. Mais que les choses ont changé depuis! Ce sont aujourd'hui les étrangers qui brillent dans les académies de Rome; et ses écoles sont tellement déchues de leur ancienne splendeur, que celles de Paris, quoique bien éloignées de la perfection, sont maintenant les premières.

Une preuve encore que la musique italienne n'est pas toujours ni si ravissante, ni si merveilleuse qu'on se l'imagine, c'est que pendant le récitatif chacun tourne le dos au théâtre, et qu'on ne cesse de causer que quand un de ces animaux que l'on a dégradés de la qualité d'homme[134] pour le bizarre amusement de nos oreilles, vient fredonner un air éternel, souvent moins analogue que cloué au sujet. À l'égard des autres agréments qui font partie d'un opéra, la question, je pense, se décide d'elle-même en faveur des nôtres. Indépendamment de ce qu'ils sont plus courts de moitié, la langueur des scènes en est sauvée par la variété du spectacle, par plusieurs ballets aussi ingénieux que galants, et par le fréquent changement de décorations, enfin, par l'exécution admirable des machines. J'espère que mes lecteurs (excepté les gens à préjugés) ne désapprouveront pas ces observations. Au moins, me flatté-je qu'ils me feront la justice de croire que je ne suis point épouseur de parti, et que l'amour idolâtre de mon pays ne m'aveugle pas.

Après avoir suffisamment satisfait ma curiosité à Naples, je revins à Rome, d'où je partis pour Venise par la route de Lorette, voulant faire d'une pierre deux coups, c'est-à-dire, prendre en passant une fraîche provision d'indulgences afin de pouvoir pécher en sûreté de conscience pendant le carnaval.[135]

C'est à Lorette,[136] comme tout le monde sait, qu'on voit la véritable maison où la vierge naquit, et qui fit partie de sa dot lorsqu'elle épousa Joseph. Cette maison étant restée à Nazareth dans une parfaite tranquillité jusqu'à la fin du treizième siècle, les anges la transportèrent en Dalmatie. Ils lui firent faire depuis plusieurs voyages, et enfin, fatigués sans doute de la promener, ils l'ont fixée au lieu où elle est aujourd'hui. Vraisemblablement elle y restera, ne pouvant être mieux que sur le domaine du vicaire de Jésus-Christ.

La vénération que les fidèles ont pour ce sacré monument lui a fait donner, par excellence, le nom de *sancta casa*. À la simplicité de l'édifice on ne se persuaderait pas aisément que la reine des cieux y eût pris naissance, si on ne savait point que le fils de Dieu vint au monde dans une étable. Ce saint habitacle n'est composé que de quatre murailles de briques, qui forment un quarré long. Il y a lieu de croire, par la ressemblance des matériaux à ceux que nous employons maintenant pour bâtir, que le grand art de faire la brique n'est point une invention moderne, et que du temps d'Hérode on avait déjà cet admirable secret. Il n'est pas même possible de penser autrement, sans quoi, il faudrait révoquer en doute la vérité du miracle ainsi que l'antiquité du bâtiment. Mais le fait, une fois posé, que la brique ait été alors en usage, il n'y a pas la moindre difficulté à croire le reste avec un peu de foi. Je ne vois pas plus d'inconvénient à donner créance à cette merveilleuse histoire, qu'à celle d'un saint dont j'ai oublié le nom, qui traversa le vaste océan sur une meule de moulin. Et cependant la chose est constamment vraie et bien attestée par la même meule que l'on conserve encore aujourd'hui pour fermer la bouche aux épilogueurs et confondre les incrédules.

On dit que la madone qu'on voit maintenant dans la *sancta casa* est de la façon de saint Luc.[137] Qu'elle soit de lui ou d'un autre, il n'est pas aisé d'en discerner le travail sous les riches et pompeux ornements qui la couvrent. Au reste, sans juger témérairement des talents de saint Luc, je crois que c'était un bon évangéliste et un mauvais sculpteur. Si je ne me sentis pas une dévotion bien ardente pour cette vénérable statue, je me sentis en récompense une émotion si tendre à l'aspect de ses précieuses nippes, que je n'aurais peut-être pu m'empêcher de plier la toilette de Notre Dame, si mes yeux convoiteux avaient été doués d'une vertu magnétique et attractive.

On rapporte que les Turcs, grands pourchasseurs de bijoux,[138] tentèrent plusieurs fois de piller le trésor de Lorette, mais qu'ayant été miraculeusement frappés de la berlue[139] à chaque descente qu'ils firent, ils ne se sont pas avisés d'y revenir depuis. Je ne jurerais pas que je n'aie été aussi un peu puni de ma concupiscence, car je me rappelle qu'au moment même que je fixais mes regards avides sur les sacrés joyaux, je fus soudain affligé de vertiges et d'une migraine affreuse.

Quoique le trésor soit une espèce de magasin des présents que les princes soumis au Saint Siège ont envoyés depuis plusieurs siècles à Notre Dame, on l'exalte un peu trop à mon avis. Il est certain qu'on y voit des morceaux d'un grand prix. Mais ces choses ne sont admirables que pour ceux qui n'ont rien vu de mieux. La galerie du grand-duc de Toscane, même telle qu'elle est encore aujourd'hui, renferme des pièces que toutes les riches breloques et la sacrée orfèvrerie de Lorette ne suffiraient pas à payer.

Que de profanes connaisseurs et gens de goût préféreraient la Vénus de Médicis *in naturalibus* à la madone endimanchée et chargée de ses plus beaux atours ! Aussi cette incomparable Vénus n'est point un ouvrage de saint Luc.*

Je fis provision avant de quitter Lorette de grains bénits, de rosaires, d'agnus dei, et autres semblables denrées. On ne saurait croire de quelle ressource sont quelquefois ces pieuses babioles pour se faire des amis. Souvent de pareilles guenilles[140] m'ont aplani bien des difficultés dans le cours de mes aventures galantes. Telle Agnès, que les larmes, les soupirs et l'or n'auraient pu corrompre, s'est souvent attendrie à la vue d'un chapelet ou d'une image miraculeuse.

C'est de cette manière que les cafards porte-frocs savent engeoler[141] de jeunes innocentes et se procurer les plus charmantes jouissances. Je distribuai assez heureusement ma dévote marchandise dans mainte ville de la Romagne,† excepté à Bologne, où une chambrière me donna la gale pour une médaille de Notre Dame. Au reste, ce que je trouvai de consolant dans cette disgrâce, c'est que la fille était jolie, et qu'on ne pouvait guère gagner la gale à meilleur marché.

Tandis que j'en suis sur mes bonnes fortunes, le joyeux lecteur ne me saura peut-être pas mauvais gré de lui raconter ce qui m'arriva dans le bateau de poste de Ferrare à Venise. Il est inutile d'annoncer qu'en ces sortes de voitures, la compagnie n'est pas toujours tirée [triée] sur le volet.[142] Personne n'ignore cela. Nous étions alors un mélange bigarré de toute espèce de passagers. Il y avait des capucins, des donneurs de bonne aventure, des comédiens, des empiriques et quelques filous qui, tous aussi honnêtes gens les uns que les autres dans leurs états respectifs, allaient jouer leurs différents rôles chez les Vénitiens. Il n'est pas question en pareille rencontre de faire trop le délicat, et de tenir son quant-à-moi.

Je me livrai de bonne grâce à l'honorable caravane. Nous ne fîmes qu'une même table et vécûmes tous de pair à compagnon. Je m'étais attaché en entrant à une petite camuson[143] assez ragoûtante qui allait éprouver ses talents dans les rôles de soubrettes au théâtre de Saint-Angelo.[144] Je lui avais promis d'appuyer son début de tout mon crédit, moyennant quoi je devins en très peu d'heures son confident et son favori. Pour ne point scandaliser les spectateurs, elle tâchait de concilier les bienséances et les menues libertés qu'elle m'accordait. Il nous arrivait pourtant quelquefois d'avoir réciproquement une main

---

* Quelques idiots se sont mis en tête de le faire peintre et sculpteur.

† « Romagne » dans les éditions avant 1761.

en campagne,[145] mais avec tant de dextérité, que l'œil le plus subtil n'y pouvait rien voir.

Comme on est obligé de passer la nuit dans cette barque, et que l'on n'y a pas toutes ses commodités, chacun s'arrange de son mieux. L'un se vautre sur un coffre, l'autre sur un portemanteau, celui-ci sur un banc, celui-là sur le plancher. En un mot, tout le monde est pêle-mêle, fort serré et très mal à son aise. J'avais observé l'endroit où ma petite comédienne s'était postée, et il me tardait que le silence et le sommeil régnassent parmi cette canaille pour aller me dédommager de la contrainte du jour. Lorsque je crus pouvoir hasarder l'aventure, je me glissai en tâtonnant vers le céleste grabat de mon héroïne. Déjà je sentais ce frisson, ces tressaillements toujours précurseurs des plaisirs et souvent bien plus délectables. Le cœur me battait, l'eau me venait à la bouche. Enfin, je touchais à ce moment tant désiré, au moins m'en flattais-je. Je m'étais agenouillé près de l'objet prétendu de mon ardeur. Alors ma main impatiente s'égara en tremblant sous sa jupe. Miséricorde! Quelle jupe! Je m'en souviendrai éternellement C'était le sale cotillon d'un des révérends pères capucins. Je me trouvai les quatre doigts et le pouce si avant, que l'infect cénobite se réveilla en sursaut, criant d'une voix de stentor, *ladrone, ladrone.*[146] Qu'on se peigne, si l'on peut, l'embarras et la confusion où cette méprise me jeta.

Accablé de frayeur et de honte, je voulus regagner mon gîte, mais je ne le pus faire si adroitement que je ne culbutasse sur la plupart de mes compagnons de voyage. Ils se mirent tous à faire chorus avec le capucin. Cependant à la faveur du braillement général, ayant un peu repris mes sens, je demandai ce qui pouvait occasionner un tel tintamarre. À quoi le moine barbu répondit, qu'on avait voulu le voler. «Qui, vous, père, m'écriai-je? Êtes-vous un homme volable? Et quand cela serait, convient-il à quelqu'un de votre robe de former des soupçons aussi injurieux sur les honnêtes gens qui sont ici? Fi père! où est la charité chrétienne? Où est l'amour du prochain que vous recommandez à autrui dans vos sermons? Êtes-vous dispensé de pratiquer les vertus que vous prêchez?»

Cette véhémente remontrance produisit un effet admirable. On loua autant mon zèle que l'on blâma l'indiscrétion du capucin, et l'on conclut que sa révérence avait fait un mauvais rêve. Je n'eus garde après ce qui venait de se passer, de vouloir essayer une seconde tentative. Je restai tranquille et coi le reste de la nuit parfaitement guéri de mon amour et m'applaudissant en secret que personne ne sût le vrai de l'histoire.

Le lendemain chacun de nous s'évertua contre le pauvre penaillon qui fut le but de nos froids sarcasmes jusqu'à Venise, où nous arrivâmes le même soir. On peut dire que cette ville est très belle et unique pour sa singularité. Quoique bâtie au milieu des eaux comme celles de Hollande, elle ne leur ressemble pas plus qu'à celles de terre ferme. Une de ses grandes commodités est de pouvoir en aborder toutes les maisons soit à pied ou en gondole.

On ne peut guère définir le carnaval de Venise qu'en disant que c'est une espèce de foire et d'entrepôt de tous les plaisirs. Le déguisement consiste en un manteau, une sorte de grande bagnolette,[147] un masque blanc sur la figure, et le chapeau sur la tête. L'un et l'autre sexe est ajusté de la même manière. Ce genre de vêtement uniforme et monotone n'est pas fort récréatif à la longue, mais, en revanche, rien n'est plus commode. Outre que l'on ne saurait être vêtu à meilleur marché, on a aussi l'avantage de garder l'*incognito* en public. Si l'on réunit le carnaval d'hiver, celui de l'Ascension[148] et quelques mascarades extraordinaires dans des jours de réjouissances, on peut dire que l'on porte à Venise un visage de parchemin au moins la moitié de l'année. Au moyen de quoi, pendant tout ce temps-là, les belles et vilaines physionomies sont au pair.

Le rendez-vous général est à la place Saint-Marc, laquelle est divisée en deux parties, et forme une espèce d'équerre.[149] Le côté qui regarde la mer est ordinairement rempli d'une multitude de charlatans, tous tâchant par des voies également honnêtes d'attraper l'argent des curieux. Cela fait un spectacle des plus burlesques,[150] et dont il n'est pas aisé de se former une idée exacte. Il faut l'avoir vu. Ici un marchand d'orviétan[151] exhaussé sur un échafaud de trois ou quatre planches, présente aux yeux du peuple une fiole pleine d'un élixir qui, par sa vertu merveilleuse, émousse le tranchant du ciseau d'Atropos[152] et ressuscite les trépassés. À quelques pas de là son confrère lui lançant un regard ironique en haussant les épaules, avertit charitablement son auditoire qu'il n'y a pas un plus grand empoisonneur dans le monde. En même temps, il leur montre une petite boîte où est renfermé le remède universel. C'est un baume, dit-il, qui pris intérieurement ou appliqué en topique,[153] fait des cures miraculeuses : apoplexies, vertiges, goûtes, rhumatismes, humeurs froides, ulcères invétérés, morsures venimeuses, plaies incurables. Il n'est pas un de ces maux qui ne cède sur-le-champ à l'efficacité du spécifique. Enfin, le harangueur, pour prouver qu'il n'en impose point, se fait mordre d'une vipère qui n'a point de dents, et se trouve guéri dans la minute au grand étonnement de l'assistance.

Un peu plus loin une bohémienne du pays, devineresse si jamais il en fut, applique à l'oreille du premier benêt qu'elle accroche un long tuyau à travers lequel elle lui débite mystérieusement de profondes et vagues billevesées. Si par hasard (ce qui arrive souvent) ses prétendues découvertes semblent cadrer à quelques circonstances de la vie du pauvre idiot, alors la Sybille s'écrie : *non e vero, signore ? Non e vero ?* Et chacun applaudit à son savoir suprême. D'un autre côté un réparateur de mâchoire humaine, aussi fier que le gros Thomas[*] de la noblesse de son art, fait à la vue de tous une épreuve de sa dextérité en tirant une dent postiche de la bouche d'un goujat sans lui causer la moindre douleur, ce que le quidam atteste aussitôt, prenant à témoin saint Antoine de Padoue[154] et les âmes du purgatoire. Dieu sait après un si beau coup à combien de patients cet honnête opérateur ébranle les mandibules !

C'est alors une vraie comédie de voir les grimaces et les contorsions de ceux qui se font martyriser de sa façon. Ici, l'on montre un ours, là polichinelle fait un vacarme de tous les diables, plus bas ce sont des faiseurs d'équilibre et des danseurs de corde, plus haut, des chanteuses de rues qui s'égosillent et s'enrouent sans pouvoir se faire entendre. Le commentateur de Misson dit que pendant ce tintamarre il y a des prédicateurs qui entrent dans la foule et déclament contre la débauche.[154a] Cela pouvait être jadis, mais maintenant ces sortes de bateleurs font bande à part et ne se mêlent point parmi les autres. Ils ne jouent leurs farces que les jours qu'il n'y a point de mascarades.

L'article sur lequel ils insistent le plus dans leurs exhortations, c'est la charité pour les âmes en séquestre entre le paradis et l'enfer. On sait que ce qui hâte leur délivrance, ce sont les prières et les messes. On sait aussi que les papelards ne les donnent point gratis, de manière qu'il faut que quelques bons Israélites les paient. Il y a toujours pour faire la cueillette, un homme qui se promène dans l'auditoire tenant une longue perche fourchue, au bout de laquelle pend un sachet qu'il secoue à la barbe de tout le monde. Cet original ressemble assez à quelqu'un qui pêche à la ligne, avec cette différence qu'il pêche d'ordinaire à coup sûr.

---

[*] *Note de 1761*: celui qui depuis quarante ans brise des mâchoires sur le Pont-Neuf.

De peur de l'oublier, je rapporterai ici un trait de badauderie bien singulier, et qui justifie, à mon sens, tout genre de surprise et de curiosité. Voici le fait. Plusieurs jeunes gens se rassemblent sur la place Saint-Marc déguisés en postillons et se disputent l'honneur de faire le mieux claquer leur fouet. Ils sont toujours environnés d'une foule innombrable de peuples qui, prêtant sérieusement l'oreille à ce désagréable bruit, semblent y trouver quelque chose de mélodieux et d'harmonieux. Cela paraît d'abord bizarre, et pourtant rien n'est plus naturel. Comme les voitures roulantes, ni les chevaux ne sauraient être d'aucun usage à Venise, le commun des habitant n'en a qu'une notion très imparfaite, et l'on peut dire, sans être hyperbolique, qu'il y a nombre de Vénitiens qui n'ont jamais vu ni cheval, ni carrosse.

Or, il n'est pas étonnant que le claquement d'un fouet, instrument tout à fait étranger à leurs oreilles, ait pour eux le mérite de la nouveauté. Tel est le faible de l'esprit humain que les choses les plus simples qui ne lui sont pas familières, le frappent et fixent son admiration, tandis que les plus merveilleuses auxquelles il est habitué sont souvent les objets de son indifférence et de ses dégoûts.

J'ai fait cette petite remarque pour donner à entendre que la sotte curiosité est d'ordinaire moins le défaut des sots, que celui des gens sans expérience et que, la surprise étant relative au degré d'ignorance où l'on est de ce qui se pratique dans le monde, il s'ensuit nécessairement que tous les hommes sont plus ou moins badauds.

C'est une opinion reçue depuis longtemps qu'à Venise on pousse à l'excès le libertinage, et que l'on s'y plonge dans les désordres les plus affreux. Je ne me suis pas aperçu qu'on y fût plus débauché qu'ailleurs. J'ai même trouvé qu'il s'en fallait beaucoup que le débordement y régnât comme à Paris et à Londres.

Les gens ne me paraissent pas mieux instruits du caractère et des coutumes de la nation, quand ils peignent les Vénitiens défiants, ombrageux, et ennemis de toute société. Je ne disputerai pas que cela n'ait été autrefois, mais on devrait faire attention que les caractères changent ainsi que les modes, et que ce qui était en usage il y a deux cents ans, peut ne l'être pas aujourd'hui. Les peuples incessamment attentifs à se copier sont les singes les uns des autres.

Maintenant, pour me servir d'une expression que la fatuité nous a fait adopter, on a par toute l'Europe les manières françaises. J'ai eu souvent occasion de fréquenter de nobles Vénitiens.[155] Je les ai trouvé communicatifs, affables, polis, en un mot, pleins de cette urbanité dont nous prétendons être seuls en possession. Leurs maisons même, quoiqu'on en dise, ne sont point inaccessibles aux étrangers qu'ils connaissent. Il est vrai qu'ils sont plus réservés et plus prudents que nous dans le choix de leurs sociétés. Je laisse à décider si la maxime est mauvaise.

Un autre préjugé encore très faux, c'est de croire qu'il y ait du danger à parler politique, et à discourir des intérêts des princes à Venise. J'ai été témoin que l'on y pouvait parler aussi librement qu'en aucun endroit du monde. Je ne répondrais pas pourtant qu'on ne courût risque de déplaire à la République, si l'on s'ingérait à contrôler la forme de son gouvernement. Et au fond, qu'y aurait-il d'extraordinaire en cela? L'État vénitien ne serait point le seul qui s'offensât d'une pareille liberté. Je suis très assuré que l'on ferait mal sa cour aux Anglais si on allait leur vanter l'esclavage et les douceurs du despotisme. On ne serait, sans doute, pas mieux accueilli des Français en leur prêchant la démocratie et l'anéantissement du pouvoir arbitraire. Toute puissance, quelle qu'elle soit, est toujours jalouse de ses constitutions, et souffre impatiemment qu'on les censure.

À l'égard des choses qui n'intéressent pas directement les lois fondamentales d'un pays, chacun a droit d'en dire son sentiment, et c'est ce que les Vénitiens ne défendent à personne. Ils entendent même assez bien la raillerie. Je leur ai souvent vu reprocher, sans qu'ils s'en formalisassent, la liberté qu'ils laissent aux gondoliers, espèce de vermine aussi insolente et plus incommode que le corps des laquais de Paris. Ces canailles ont le privilège d'entrer gratis dans tous les spectacles, et d'y commettre les plus grandes indécences. Ils se guindent dans les loges qu'ils savent ne devoir pas être occupées ; de là ils sifflent ou applaudissent les acteurs, et se récréent à qui décochera le plus adroitement des crachats sur la physionomie des spectateurs.[156] Il n'est pas douteux que le Sénat ne sente parfaitement combien de tels abus sont scandaleux et ridicules. Cependant, comme malgré les plaintes et les remontrances, on ne songe pas à les réprimer, il y a lieu de croire que la République a de fortes raisons pour les tolérer. Vraisemblablement elle n'en a pas de moins solides pour souffrir qu'un tas de gueux osent faire du palais ducal un privé commun.[157] On conviendra qu'il est bien choquant de voir de magnifiques escaliers de marbre éternellement remplis d'ordures*. Mais toute réflexion faite, où est-ce que le bas peuple n'abuse pas de la bonté

---

* La propreté n'est pas la vertu favorite des Italiens en général. Tous les beaux et superbes monuments de Rome sont profanés de la même manière.

de ses supérieurs ? À ces petites irrégularités près, Venise est, sans contredit, l'endroit du monde où l'on peut le plus agréablement tirer parti de la vie. Une des grandes commodités de ce séjour délicieux, et que j'approuve fort, quoique je ne sois pas autrement salope,[158] c'est de pouvoir avec décence y frauder les droits de la blanchisseuse et du barbier à la faveur du masque et du manteau.

On trouvera peut-être bien étrange que j'aie vécu dans une ville aussi charmante, sans régaler mes lecteurs du moindre récit de mes prouesses amoureuses. En effet, peut-on être Français et n'avoir pas mille choses intéressantes à dire sur ce chapitre ? Quelle nation ose nous disputer l'art de plaire souverainement au beau sexe ? Quel est le cœur qui puisse nous échapper quand nous prenons la peine de l'attaquer sérieusement ? Qui peut résister à nos transports, à nos tendres saillies, en un mot, à nos belles manières ? Personne assurément. Il n'appartient qu'à nous de moissonner des myrtes où les autres sont trop heureux de glaner.[159]

Quoique tout cela soit vrai au pied de la lettre, j'avoue de bonne foi ma turpitude. À moins que je ne mente pour l'honneur de la patrie, je ne saurais me vanter en conscience, d'avoir eu aucun hasard qui vaille la peine d'être cité.

Et pourquoi ne mens-tu pas, bourreau, se récrieront nos muguets de ruelle ?[160] Serais-tu le premier, serais-tu le dernier menteur sur cette matière ? C'est bien à nous qu'il convient d'être scrupuleux et modestes. Ignores-tu que ce qui nous donne la prééminence sur autrui, que ce qui établit notre mérite, c'est la vanité et l'effronterie ? Ce sont ces vertus suprêmes que nous possédons à un degré si éminent, qui en imposent partout en notre faveur, et font voler notre renommée d'un pôle à l'autre[*].

Voilà certes un langage bien séducteur, et il n'est guère possible en y prêtant l'oreille, qu'on ne se sente quelque démangeaison de jaser.

De crainte donc de céder à des arguments si pressants, je me sauverai par une prompte transition de Venise en Étrurie, et mes lecteurs me suivront à Florence si c'est leur fantaisie.[†]

À considérer la situation de cette ville, la majesté de ses édifices, la douceur de son climat, les délices de son territoire, on n'a pas de

---

[*] *Note de 1761* : Il semble qu'un auteur qui relève ainsi les ridicules de sa nation ne s'est point arrogé mal à propos le nom de citoyen de l'univers. On peut dire à sa gloire que s'il ménage peu ses compatriotes, il ne leur fait pas injustice.

[†] *Note de 1761* : La Toscane.

peine à se persuader qu'elle ait été du temps des Médicis le siège de la galanterie et le rendez-vous de tous les plaisirs.

Il y a apparence qu'elle serait encore aujourd'hui ce qu'elle était autrefois si le souverain y résidait. J'ai été frappé en y entrant d'un coup d'œil superbe qu'on m'a assuré n'être qu'un faible crayon[161] de l'ancienne magnificence des Florentins. Je vis une infinité de carrosses aussi lestes que brillants, remplis de dames et de cavaliers vêtus d'une richesse et d'un goût admirables. Ce pompeux cortège embarrassait tellement les rues, que nous fûmes contraints d'attendre plus d'une heure avant de pouvoir passer. Je me persuadai que tant de fracas ne pouvait être occasionné que par quelque grande fête. Il me tardait d'être à mon auberge pour m'en instruire. Mais j'eus lieu d'être bien étonné lorsqu'on me dit qu'un gentilhomme du pays qui voulait se faire moine était cause de tout ce bruyant et fastueux appareil. On allait le complimenter de la sottise qu'il faisait de renoncer au commerce des honnêtes gens pour s'enrôler parmi une troupe de méprisables fainéants.

Ainsi les bâtards des apôtres ont trouvé le secret d'anoblir et de faire respecter le genre de vie le plus abject et le plus à charge à la société. Il y a une autre coutume encore qui n'est pas moins bizarre et qui concerne aussi la moinerie. Je veux parler des *spose monache* ou filles désignées pour l'état religieux.[162] Ajustées d'une manière tout à fait galante et embellies de toutes les superfluités du siècle, on les promène dans de beaux équipages à pas d'ambassadeurs.[163] On leur fait voir tout ce qu'il y a de rare. On les mène aux spectacles, au bal et dans les plus belles assemblées. En un mot, on les gorge, pour ainsi dire, de tous les plaisirs mondains afin de les en dégoûter. Je ne crois pas l'expédient infaillible. Au moins est-il certain que si dans l'intervalle il se présente quelque bon épouseur, il est rare que la sainte fiancée ne rompe ses engagements avec Jésus-Christ.

J'ai eu la curiosité d'assister à la prise d'habit d'une de ces déplorables victimes de l'avarice de leurs parents. La tristesse peinte dans ses yeux n'annonçait que trop que sa vocation n'était pas sincère. Mais les regards menaçants d'une mère inhumaine lui arrachèrent un consentement contre lequel son cœur protestait malgré la violence qu'elle se faisait pour cacher son trouble. Il ne m'est pas possible d'exprimer la douleur et l'indignation que je sentis à la vue d'une cérémonie aussi barbare.[164] Je me sauvai de l'église le visage couvert de mon mouchoir que je baignai de mes larmes, et je bénis mille fois les peuples qui, ayant en horreur ces infâmes et tyranniques abus, ne connaissent de prisons que pour les malfaiteurs.

Les Français, gens à préjugés plus qu'aucune nation du monde, croient les Italiens, et principalement les Florentins, les plus jaloux et les plus vindicatifs de tous les hommes.[165] Ils ne font pas attention, comme je l'ai déjà remarqué ci-dessus, que les coutumes ne sont pas aujourd'hui ce qu'elles étaient autrefois. Mais comment s'imagineraient-ils cela ? Eux qui ne savent pas que la grande liberté ou plutôt le libertinage qui règne maintenant en France aurait révolté les moins scrupuleux des siècles passés. On ne connaissait point jadis les spectacles et les jeux. Ne pourrait-on pas dire aussi avec raison qu'on n'avait pas encore éprouvé les désordres que ces sortes de passe-temps ont introduits dans toute l'Europe ?

Le Français était autrefois comme les autres peuples, ce qu'il nous a plu de désigner par le nom de jaloux. Il n'aurait pas trouvé bon que sa femme désertât sa maison pour consumer dans les opéras, les assemblées et les parties secrètes de plaisir, le fruit de ses épargnes et de son travail, ainsi que cela se pratique aujourd'hui. Il employait son argent à quelque chose de plus utile, et sa femme sage et modeste, ne songeant qu'à lui plaire, ne désirait d'être belle que pour lui.

Que les choses sont différentes à présent, je ne dis pas seulement en France, mais partout ailleurs ! Le luxe, le jeu, les spectacles, la coquetterie ont changé, pour ainsi dire, la face de l'univers.

Revenons aux Florentins. Ils sont si peu enclins à la jalousie que leurs femmes ont presque toutes des galants en titre sous le nom de sigisbées.[166] Quant à l'esprit de trahison et de vengeance dont on les taxe, le reproche ne me paraît pas mieux fondé. J'ai entendu plusieurs fois un de mes indiscrets compatriotes s'exhaler contre eux en invectives et les provoquer d'une manière si outrageante que je ne doute pas qu'en tout autre pays on ne lui eût rompu les os. Et cependant, il est sorti sain et sauf de Florence.

Au reste, supposons les Italiens en général vindicatifs et traîtres. Ce n'est pas un vice particulier du cœur qui les rend tels, mais l'impunité du crime et la sûreté qu'il y a à le commettre en se réfugiant dans une église ou quelque maison privilégiée. On a trouvé la vengeance plus facile et moins périlleuse de cette façon, et la chose a passé en usage comme elle passerait indubitablement ailleurs si on y avait les mêmes immunités.

Quoiqu'on en dise, je ne vois pas qu'un homme dont on flétrit l'honneur, soit beaucoup plus coupable de faire assassiner son ennemi que de le tuer de sa propre main, c'est une justice qu'il se rend à laquelle il ne manque que la forme. Ce n'est pas pourtant que j'approuve ni l'un ni l'autre cas, à Dieu ne plaise. Je m'en tiens au précepte du décalogue: *homicide point ne feras, etc.*

J'ai reconnu les descendants des vieux Étrusques à une course de chariots qui est précisément celle qu'Horace décrit dans sa première ode.[167] Ils font trois fois le tour de deux bornes plantées, chacune aux extrémités de la place et vont d'un train si rapide que, sans leur grande dextérité, messieurs les cochers risqueraient de laisser quelques-uns de leurs membres sur l'arène.

La course des chevaux barbes en liberté n'est pas moins divertissante. L'aiguillon de la gloire, joint à l'espérance d'un picotin d'avoine, donne à ces animaux tant d'ardeur qu'on les perd de vue en un clin d'œil. On prétend qu'ils font une grosse lieue en moins de quatre minutes. Ce qu'il y a de singulier, c'est qu'ils se piquent tellement d'émulation qu'il est rare que, chemin faisant, ils ne se mordent les uns les autres.

De Florence je fus à Pise. C'est une belle et grande ville, mais presque inhabitée aujourd'hui en comparaison de ce qu'elle était autrefois. J'y vis cette fameuse tour qui panache [penche] considérablement d'un côté, et non pas de tous sens, ainsi que bien des gens le croient.[168] Le grand charnier ou le *campo santo* mérite l'attention des curieux.[169] Il servait anciennement à inhumer les païens que l'on mettait dans de grands coffres de pierre fermés d'un semblable couvercle. Les catholiques n'ont pas dédaigné de mêler en ce lieu profane leurs précieuses reliques avec les cendres de ces misérables réprouvés. Il est vrai que l'eau bénite purifie tout.

Je ne dirai rien de Livourne, sinon que c'est une petite ville fort jolie, fort bien percée, et qui rend de grosses sommes à l'empereur, quoiqu'elle ait un port franc. Quand on ne veut point perdre son temps à Lucques, on fait le tour de ses remparts et on passe outre. Gênes, par la magnificence et l'élévation de ses palais, est digne, sans contredit, du titre de superbe. Après le coup d'œil de Constantinople et de Naples, il n'en est guère de plus beau dans un certain éloignement.

J'y ai trouvé messieurs des deux portiques un peu collets montés*[170] et gourmés de leur noblesse, défaut assez ordinaire des chefs de républiques qui veulent toujours trancher des petits souverains. Lorsque les troupes françaises et espagnoles étaient sur leurs terres,

---

* *Note de 1761*: Les nobles Génois.

il fallait pouvoir produire une suite d'ancêtres aussi ancienne que le Déluge, ou, du moins, être lieutenant général pour avoir l'honneur de figurer à côté d'eux dans de vieux fauteuils de barbier.

Les dames génoises sont comme à Florence, escortées d'une légion de sigisbées.[171] C'est une chose bien étrange à voir que la servitude volontaire à laquelle ces fous-là se sont voués. Le métier de forçat est infiniment moins pénible. Soumis en aveugles aux fantaisies, aux caprices de leurs belles, il n'y a point de personnages auxquels ils ne se prêtent pour leur plaire.

Sont-elles dévotes? Ils les accompagnent constamment à l'église, et ne leur parlent d'amour qu'en style pieux et le chapelet à la main. Aiment-elles la dissipation, les visites, la promenade? Ils trottent toute la journée sans aucun relâche à côté de leur chaise. Ont-elles du goût pour la retraite? Ils deviennent solitaires. En un mot, ce sont des protées qui prennent toutes les formes qu'on exige d'eux, et qui bien souvent n'obtiennent pour prix de leur complaisance et de leurs assiduités que le triste honneur d'être les écuyers menins[172] de ces idoles et rien de plus.

De retour d'Italie, je renouvelai promptement mes finances, et la rage de courir me possédant plus que jamais, je dirigeai mes pas vers le Brandebourg. J'avais formé depuis longtemps le dessein de faire ce voyage. Il me tardait d'admirer le Salomon du nord[*], et de remonter, pour ainsi dire, à la source de toutes les merveilles que la renommée publiait de lui. J'arrivai à Berlin rempli de ces douces et flatteuses espérances. M. de Va...[†173] à qui j'étais recommandé de bonne part, me reçut très bien, et m'introduisit dans plusieurs des principales maisons de la ville, où je fus comblé de politesse. Il en est d'un étranger comme d'un débutant au théâtre. On le traite pour l'ordinaire avec indulgence, et souvent on lui suppose des qualités qu'il n'a point.

On jugea de moi si favorablement qu'on ne s'en tint pas à la supposition. J'eus le malheur d'être décidé presque unanimement homme d'esprit. Je dis le malheur, parce que cela mit les jaloux en campagne et fit sonner le tocsin par un Juif errant soi-disant littérateur, lequel vit des aumônes de la cour. On sait que la plupart des souverains d'Allemagne sont dans l'usage d'avoir des fous à leur solde. Le roi de Prusse, qui sait mieux que personne apprécier le

---

[*] *Note de 1761*: Monsieur de Voltaire appelle ainsi le roi de Prusse.

[†] *Note de 1761*: M. le marquis de Valori, envoyé de France.

mérite des gens, a cru trouver dans ce misérable regrattier d'écrits tout ce qui était nécessaire pour remplir dignement le rôle de bouffon.*174 En conséquence il l'a créé le Trivelin175 ordinaire de ses plaisirs, et quand il veut prendre quelque relâche et s'arracher au sérieux des affaires, il s'amuse de son bavardage comme le grand La Fontaine s'amusait des parades de la foire.

Or, ce particulier-là me ravalant jusqu'à croire que je voulusse partager ses honneurs et son pain, se mit à clabauder176 de tous ses poumons contre moi. Il fit plus ; il me fit tenir des propos touchant la cour, auxquels je n'ai jamais pensé, et produisit pour preuve incontestable de ce qu'il avançait, le témoignage sacré de deux infantes de coulisse.†177

Un témoignage de ce poids ne pouvait pas manquer d'avoir son effet. Je fus déclaré coupable sans appel. M. de Va... qui jusqu'alors avait eu la bonté d'épouser ma cause, crut devoir cesser de le faire, et, en adroit politique, abandonna le faible pour se ranger du côté du plus fort.

Enfin, s'étant rendu aux pressantes sollicitations de la cabale, il me dépêcha une missive par laquelle il me donnait avis que le roi était extrêmement irrité contre moi, et que j'avais tout à craindre de son ressentiment. Je donnai dans le piège comme un bon Picard que je suis. Je fis à la hâte un paquet de toutes mes nippes et décampai aussi brusquement que quelqu'un qui a les records à ses trousses.178

Il faut avouer que je me comportai en franc lourdaud dans cette occasion. Pouvait-il tomber sous le sens à quelqu'un qui a la faculté de penser, qu'un grand monarque fût sensible aux prétendus discours d'un chétif particulier tel que moi ? Supposons que par étourderie il me fût échappé quelque expression déplacée, était-il naturel de croire qu'il s'en offensât ? J'ai été pourtant assez sot pour me le persuader, et je serais mort sans doute dans mon erreur, si des personnes instruites et dignes de foi, ne m'avaient détrompé, en m'assurant que le roi était si peu au fait du tour qu'on m'avait joué, qu'il ignorait même que j'existasse.

Voilà comme les iniquités passent souvent sur le compte des souverains et sont commises en leur nom, sans qu'ils y aient aucune part. Ah ! Que si les maîtres de la terre avaient le secret de scruter

---

*Note de 1761: M. d'Argens aussi plat et dégoûtant barbouilleur de papier que hardi plagiaire. Il a plus écrit lui seul que douze bons auteurs.
† Note de 1761: Les Cochois.

les cœurs, que de monstres, en qui ils mettent leur confiance, deviendraient les objets de leur aversion et de leurs mépris !

Je n'ai pas fait un assez long séjour à Berlin pour en parler du ton de quelqu'un qui aurait eu le temps de le connaître à fond. Je me contenterai de dire que c'est une ville qui ne saurait manquer d'être bientôt au nombre des plus florissantes du monde par la protection ouverte que le roi accorde aux arts, à l'industrie et aux talents.

Les troupes de Prusse sont incontestablement les plus belles que l'on puisse voir. Je crois que l'on pourrait dire aussi les meilleures, s'il est vrai que la bonne discipline fasse le bon soldat. Tout a l'air guerrier et militaire à Berlin. On s'imaginerait, à y voir tant de héros,[179] que c'est moins une cour que la résidence de Mars. Cependant, quoique le roi fasse sa principale occupation des armes et de la science du cabinet, il n'est point ennemi des plaisirs, et ses sujets jouissent de tous les amusements des grandes villes.

La circonstance du mariage de monsieur le Dauphin avec une princesse de Saxe,[180] me fit naître l'envie d'aller à Dresde. La petite disgrâce que je venais d'essuyer m'avait tellement dégoûté de la fréquentation des grands, que loin de tenter à me produire de nouveau, je restai constamment dans la foule et gardai l'*incognito*, charmé de n'avoir plus rien à craindre de la malignité des jaloux.

La cour de Saxe a toujours passé pour une des plus brillantes de l'Europe. Je ne sais si elle n'a point enchéri alors sur sa magnificence ordinaire, au moins est-il certain que je n'ai jamais rien vu de plus somptueux et de plus galant. Nos bons amis de France en furent pour leurs frais. Leurs ajustements couleur de rose et bleu céleste ne causèrent ni la surprise, ni l'admiration dont ils s'étaient flattés. Ils eurent la modestie, pour la première fois, de s'avouer vaincus en fait de parures, aveu d'autant plus mortifiant, qu'ils se croyaient invincibles sur cet article.

Les Saxons ne s'entendent pas moins bien à donner des fêtes, différents en cela de nous autres qui en imaginons communément de charmantes, que nous exécutons à faire pitié. La raison de cela, c'est qu'il n'y a point d'ordre chez nous. Je me souviens de celles que l'on donna au mariage de madame Première.[181] Les apprêts en étaient superbes. Ils répondaient parfaitement à la grandeur du monarque qui les ordonnait, et promettaient tout ce que l'on pouvait imaginer de plus pompeux et de plus éclatant. Cependant chacun sait quelle en fut l'exécution. Le fameux bal paré du salon d'Hercule*[182] fut gâté et peut-être déshonoré par les brusques incartades qu'essuyèrent les dames que la curiosité y avait attirées de Paris.[183]

Voici le fait pour ceux qui l'ignorent. Feu M. le duc de la Trémouille,[184] seigneur aussi recommandable par les charmes de la figure, que par les qualités de l'esprit et du cœur, était chargé en qualité de premier gentilhomme de la chambre de la distribution des places. Il était trop poli, trop galant, pour désobliger un sexe dont il avait toujours été l'idole. Dès qu'une jolie femme se présentait, elle était sûre d'être placée. Malheureusement il s'en présenta un si grand nombre, que les gradins se trouvèrent presque tous remplis quand la cour arriva.

Je laisse à penser de quelle indignation furent alors pénétrées les duchesses, les marquises, les comtesses et toutes ces femmes qui ont le privilège de balayer les appartements du Louvre avec des queues de comètes.[185] Quel crève-cœur pour des personnes d'un si haut parage de voir leurs places occupées par de petites bourgeoises qui, peut-être, aux titres près, n'auraient pas moins contribué qu'elles à l'embellissement de la fête ! Il n'y avait nulle apparence que ces grandes dames eussent la patience de demeurer plantées sur leurs patins tandis que cette colonie de plébéiennes, assises bien à leur aise, les nargueraient et s'applaudiraient de leur triomphe en faisant l'agréable exercice de l'éventail. Aussi n'eurent-elles pas cet avantage. Il fut arrêté sur-le-champ qu'elles videraient le terrain, et s'en retourneraient à Paris comme elles en étaient venues. Mais comment faire pour les déloger ?

Elles se trouvèrent toutes alors du régiment de Champagne. Nulle ne voulut obéir. On prétend même qu'il y en eut une assez résolue pour blesser les oreilles dévotes du M. De N...†[186] par un énergique *va te faire... etc.*

Ce qu'il y a de vrai, c'est que toutes étant sourdes aux prières, aux très humbles remontrances, même aux menaces, on fut obligé de faire venir un détachement des gardes du corps. Il faut rendre justice à ces messieurs, quoiqu'entièrement dévoués au service du roi, ce ne fut pas sans beaucoup de répugnance qu'ils exécutèrent ses ordres. Mais la loi du devoir les forçant d'étouffer les nobles sentiments de

---

Note de 1761: Peint par Le Moine qui se poignarda de désespoir de ce qu'on lui refusa le salaire de son travail. On prétend qu'on lui paya tout au plus ses couleurs.

†*Note de 1761*: le maréchal de Noailles.

générosité et de pitié dont ils se sentaient émus, ils balayèrent le salon dans la minute.*[187]

La chose se passa avec tant de rumeur, de confusion et de désordre, que cela ressemblait parfaitement à l'enlèvement des Sabines. Avec cette différence pourtant que la violence qu'on fit à celles-ci avait un motif plus flatteur pour leur amour-propre, car on conviendra qu'il est plus honorable à de jolies femmes de se voir enlevées que chassées.

Finalement, les pauvres Parisiennes perdirent leur étalage, et les pompons de la Duchapt,†[188] et les bijoux d'emprunt ne servirent qu'à rendre leur honte plus éclatante.

Les réjouissances du mariage de monsieur le Dauphin n'eurent pas un meilleur succès.[189] Le roi et plusieurs personnes de distinction ont pensé être étouffés au bal de l'Hôtel de Ville. Ce qu'il y a de singulier dans toutes ces pompeuses assemblées, c'est que les maîtres ont plus de peine à s'y introduire que leurs valets.

Fermons ici notre parenthèse, et retournons en Saxe. Je ne ferai point bâiller mes lecteurs par le détail des fêtes dont j'ai été témoin à Dresde. Que pourrais-je leur apprendre à ce sujet qu'ils n'aient lu et relu dans toutes les gazettes de ce temps-là, aussi bien que dans les élégantes nouvelles à la main du c. de M…?‡[190] J'ajouterai seulement que la magnificence du comte de Bruhl surpasse de beaucoup tous les éloges qu'on en fait.[191] S'il est vrai, comme l'on dit, que ce soit le roi de Pologne qui brille par son ministre, on peut dire que le ministre remplit admirablement bien les intentions de son maître et lui fait honneur.

Ce n'est pas sans fondement qu'on donne aux Saxons le sobriquet de Gascons d'Allemagne. En effet, ils sont plus déliés qu'aucuns peuples de la Germanie, et quoique Paris mérite préférablement à toutes les villes du monde d'être appelée l'université des filous, il est certain que Dresde et Leipsick sont, après elle, de merveilleuses écoles en ce genre, et peuvent le disputer à Turin qui, de temps immémorial, a produit des sujets extraordinaires dans l'art de piper les dés et de filer la carte.

---

* *Note de 1761*: Il n'y eut que feue Mme de la Martellière qui fut respectée; aussi est-il bien juste que l'image vivante de la mère des amours fut privilégiée.

† *Note de 1761*: célèbre marchande de mode vis-à-vis le cul de sac de l'Opéra.

‡ *Note de 1761*: Le chevalier de Mouhy, très connu dans la république des lettres par quantité de pitoyables ouvrages dont il a enrichi le public.

La (...) ou la « Voûte Verte »[192] est un des plus riches et des plus beaux trésors qu'il soit possible de voir. On y montre un très gros diamant vert, qu'on dit être l'unique en Europe, et que l'on met au-dessus de tout ce qu'il y a de plus précieux. Comme je ne suis pas bijoutier et que je ne parle jamais affirmativement des choses que je n'entends point, je ne décide pas si l'éloge est hyperbolique ou non. La Maison d'[de] Hollande[193] passe aussi pour une merveille. C'est une espèce de magasin de tous les chefs-d'œuvre en porcelaine de Saxe et du Japon. Il est certain que l'œil ne saurait rien voir de plus beau. Mais à considérer la fragilité de semblable matière, il doit paraître bien étonnant que l'on y ait attaché une si haute valeur, et que tant de gens sacrifient, par vanité, le réel à ces dispendieuses et superbes bagatelles que la maladresse d'un domestique peut détruire en un instant. Vive les choses solides! Je pense, à cet égard, comme nos bons vieux pères, et j'ai plus de respect pour la vaisselle au poinçon de Paris, que pour les plus rares pièces du Japon et de la Saxe, dont les morceaux ne sont d'aucune ressource.

J'ai entendu chanter à l'opéra la célèbre Faustine[194] qui, en considération de ses anciens talents et de sa grande réputation, n'était pas moins applaudie que lorsqu'elle rivalisait l'incomparable Farinelli. Il me parut que la justice qu'on rendait à son mérite passé pouvait se comparer aux éloges funèbres que l'on prodigue à la mémoire de quelqu'un qui n'est plus.

Peu de temps après mon retour de Saxe, je résolus d'aller promener mes ennuis du côté de l'Espagne, voulant connaître par moi-même un pays dont j'avais ouï dire généralement tant de mal. Il me prit envie, en passant par Montpellier, de profiter de l'occasion et de me faire lessiver dans la piscine de saint Côme.*[195] Mais quand je réfléchis que cette opération requérait un confinement de six ou sept semaines, j'abandonnai un si raisonnable projet et je poursuivis ma route jusqu'à Perpignan. Là je fus contraint de laisser ma chaise dans une auberge,† ne pouvant continuer de courir la poste à cause des montagnes. L'honnête homme‡ auquel je la confiai, eut, par un excès de zèle pour mes intérêts, l'attention de la louer le plus souvent qu'il put en mon absence, de crainte qu'elle ne dépérît sous la remise,

---

* *Note de 1761*: De crainte qu'on ne soit inquiet sur ma santé, il est bon que l'on sache que j'ai fait un second voyage exprès à Montpelier.

† *Note de 1761*: Chez La Forêt au Lion bronzé.

‡ *Note de 1761*: Le même La Forêt.

au moyen de quoi la rouille ne s'y mit point. Que ceux qui voyagent, se souviennent de cette leçon, et ne confient jamais à de pareilles canailles que ce qu'ils ont envie de perdre.

J'arrivai à Barcelone la veille de la Fête-Dieu.[196] Si nos imbéciles Flamands n'avaient pas conservé les rites bigots des Espagnols, je raconterais à mes lecteurs les folies scandaleuses dont j'ai été témoin à la procession du Saint Sacrement dans cette capitale de Catalogne. Mais quand on a vu les processions de Cambrai, de Valenciennes et de la plupart des villes de Flandres, on sait tout ce que l'on peut savoir là-dessus.

Je ne saurais m'empêcher de faire ici une observation sur l'effronterie avec laquelle nos prêtres se déchaînent contre les païens. N'ont-ils pas bonne grâce de leur reprocher le culte aveugle qu'ils rendent à des divinités imaginaires, et de tourner en ridicule leurs cérémonies religieuses, tandis qu'eux-mêmes dégradent et avilissent le souverain être par les actes les plus extravagants d'idolâtrie et de superstition? Quelle pitoyable idée ont-ils du maître de l'univers, s'ils espèrent se le rendre propice, et lui faire agréer leurs hommages par des mascarades et d'impertinentes pantalonnades![197] En vain ils se fortifient de l'exemple du prophète-roi qui dansa devant l'arche; sa joie immodérée, ses cabrioles et ses gambades ne sont pas le plus beau de son histoire.

Comme il n'est pas prudent de voyager seul en Espagne à cause des bandouliers,[198] j'attendis pour me remettre en chemin que plusieurs chaises allassent à Madrid. Dans cet intervalle j'employai mon loisir à me promener et à satisfaire ma curiosité. Un jour que je passais en revue les belles prenant le frais sur leurs balcons, j'aperçus une grande brune qui me fit signe d'entrer chez elle. Tout autre que moi, peut-être, en pareille rencontre se serait secrètement flatté d'avoir fait une conquête. Mais j'ai si peu connu en ma vie les bonnes fortunes, que telle pensée ne s'offrit point du tout à mon esprit. Je crus seulement que cette honnête personne était une de ces déesses qui vivent du produit quotidien de leurs attraits.

Le goût décidé que j'ai toujours eu pour les plaisirs faciles ne me permit pas de laisser échapper une si belle occasion. Je volai à son appartement. Mais quelle fut ma surprise lorsque cette aimable inconnue m'appelant par mon nom, vint me sauter au col! J'étais si peu préparé à ce courtois accueil, que je restai sans parole...

—À ton air embarrassé, dit-elle, je pense que tu ne me reconnais pas, et je n'en suis point étonnée. Indépendamment de ce que je n'ai

jamais été de figure à espérer qu'on se souvînt longtemps de moi, il faudrait que tu eusses une prodigieuse mémoire pour avoir conservé le souvenir de toutes les femmes que tu as vues. Car il n'y a guère de libertins (soit dit entre nous) qui aient autant fréquenté les maisons de scandale que toi...
—Oh! Je vois bien, interrompis-je, que tu me connais parfaitement. Ça, ma reine, rappelle-moi donc où nous nous sommes vus. Est-ce chez la Florence, chez la Paris, ou la Lacroix? Est-ce chez la Carlier?[199]
—Justement, dit-elle, ce fut chez cette dernière que tu me jouas un tour pendable. Je demeurais alors en mon particulier. Il n'entrait chez moi que des gens graves, portant le bec à corbin[200] et la perruque à répétition.[201] Ma porte était fermée aux têtes à l'évent.[202] Tu me sollicitais depuis longtemps pour obtenir la permission de me venir voir, mais tu étais trop dissipé, et n'étais point assez vieux. Je te fis accroire que j'avais un amant jaloux qui ne me quittait jamais. Ces prétendues difficultés, au lieu de ralentir ton ardeur, ne firent que l'irriter. Tu t'adressas par hasard à la Carlier chez qui je faisais quelquefois, à la sourdine, des passades...
—Je me rappelle le reste, lui dis-je avec précipitation.
—Tu te rappelles donc, reprit-elle en riant, que tu avais promis de me donner deux louis d'or, et que tu me renvoyas avec un écu.
—J'avoue, répondis-je, que le présent était mesquin. Mais, outre que la médiocrité de mes finances ne me permettait pas de mieux faire, je m'étais abonné à ce prix-là, par économie, chez toutes nos vénérables matrones. D'ailleurs, à te parler franchement, quand j'aurais eu en ma disposition la caisse du trésor royal, je n'aurais point voulu m'exposer à perdre l'amitié et l'estime des belles par une sotte prodigalité, persuadé comme je le suis du mépris souverain qu'elles ont pour les dupes. Mais dis-moi, je te prie, quel démon favorable t'a transplantée ici, et t'a mise dans cet état d'opulence où je te vois?
—Asseyons-nous, répondit-elle, et tu seras satisfait dans la minute, car les longs narrés me causent des vapeurs. Je suis fille d'une blanchisseuse de la montagne Sainte-Geneviève. Quant à mon origine paternelle, je n'en ai jamais rien su. Un carme de la place Maubert m'a donné les premières leçons d'amour. Sous la discipline d'un pareil maître, il n'y avait qu'à profiter. Aussi devins-je en moins de rien une excellente écolière.[203] Mais les pratiques lui venant de toute part, et ses assiduités envers moi diminuant lorsqu'elles m'étaient devenues le plus nécessaires, je me livrai à la conduite d'une appareilleuse

qui me produisit dans le monde, et depuis j'ai si bien cultivé dans cette grande école les principes de mon carme, que j'ai eu l'honneur d'acquérir presque en débutant le renom d'une des plus signalées catins de Paris. Sur ces entrefaites la police ayant pris connaissance de mon caractère, m'envoya passer un semestre à la grande maison[*]. Il y avait environ un an que j'en étais sortie, lorsque tu te mis en tête de me coucher sur ton catalogue,[204] et trouvas le moyen de me punir du péché d'avarice. Peu de temps après un officier des gardes wallonnes s'étant amouraché de moi, me proposa de le suivre en Espagne. Il était généreux et riche. Je me laissai persuader, et nous vînmes ici. En un mot, pour me servir d'une expression que j'ai lue quelque part, nos myrtes au bout de trois semaines furent convertis en cyprès.[205] Le pauvre garçon mourut de la petite vérole. Sa mort m'affligea d'autant plus sincèrement, que je me trouvais dans un pays étranger sans ressource et sans appui. Grâce à ma bonne étoile, j'en fus quitte pour la peur. Un commissaire du Saint-Office vint essuyer mes larmes.[206] C'est à son amour que je dois l'heureuse condition où je suis maintenant.

—Miséricorde! m'écriai-je, c'en est fait de ma liberté si cet homme-là me trouve ici.

—Sois tranquille à cet égard, dit-elle, tu ne le verras point. Il est allé à Gironne pour affaire, et je ne l'attends que dans quinze jours.

—Tant mieux, repris-je, car je t'avoue que je ne voudrais pas pour toute chose au monde, avoir rien à démêler avec gens de cette robe. Mais il me paraît que M. l'Inquisiteur fait admirablement bien les choses. Te voilà meublée comme une reine...

—Bagatelle que tout cela, mon cher. Imagine-toi que depuis dix-huit mois que je vis avec lui, j'ai déjà épargné près de quinze cents pistoles d'or.

—Comment diable! Il est donc bien riche!

—Ces gens-là, répondit-elle, ne le sont-ils pas autant qu'ils veulent? Tout tremble sous leur pouvoir tyrannique. Il faut t'expliquer de quelle manière nous faisons venir l'eau au moulin. Lorsque nous savons quelqu'un en argent, nous lui faisons adroitement insinuer qu'on l'accuse au Saint-Office de judaïser en secret.[207] C'en est assez: coupable ou non, la frayeur le saisit, et nous en tirons tout ce que nous voulons.

---

[*] *Note de 1761*: L'Hôpital.

—Quoi! interrompis-je, le cœur ne te reproche-t-il pas d'employer de semblables stratagèmes pour faire fortune?
—Pauvre garçon! Tu me la donnes belle avec ta délicatesse! Va! si tu avais aussi longtemps que moi mangé le pain d'un prêtre, tu n'aurais pas la conscience si timorée, et loin d'écouter les scrupules, tu ne trouverais rien d'illégitime pour t'approprier le bien d'autrui.

Elle appuya ces diaboliques maximes d'une infinité d'autres mauvais raisonnements conformes aux principes de morale que lui avait inculqués son Inquisiteur, et ne cessa de me scandaliser lorsqu'on vint nous avertir que l'on avait servi.

Notre repas fut des plus gais, et nous ne nous séparâmes que fort avant dans la nuit, non sans avoir au préalable décoré d'un panache le front du commissaire du Saint-Office.[208]

Enfin, pendant quatre ou cinq jours que je restai encore à Barcelone, elle ne voulut point souffrir que je mangeasse à mon auberge, et ce qui me toucha le plus au moment de notre séparation, ce fut l'offre qu'elle me fit de sa bourse. Voilà sans doute un procédé bien généreux. Mais quiconque connaît les filles du monde n'en sera pas étonné. Elles ont communément le cœur tendre et compatissant. C'est, peut-être, une des principales raisons qui m'a rendu leur commerce si cher.

De Barcelone je passai à Saragosse, capitale d'Aragon. J'y vis la célèbre Notre Dame *del pilar*,[209] qui s'est trouvé juchée, on ne sait comment, sur une espèce de colonne. La dévotion des fidèles lui a bâti une église où elle fait de temps en temps de fort beaux miracles. J'ai été voir aussi dans une maison de moines une collection d'admirables reliques. On m'y montra entre autres raretés une petite écharde qu'on prétend être une vraie épine de la couronne du Sauveur. Elle a été trouvée miraculeusement parmi des ronces dans le voisinage du Calvaire.

Mais ce que les bons religieux estiment par-dessus tout, c'est un trou en forme de puits où sont renfermées quantité de carcasses de saints martyrs. Un béat espagnol qui était là présent comme moi, ayant demandé à voir ce précieux trésor, on lui répondit gravement qu'on ne le découvrait qu'aux souverains. Je ne fus pas fâché qu'il ne s'en trouvât point dans la compagnie.

Il n'est pas aisé de se former une juste idée du désagrément qu'il y a de voyager en Espagne sans l'avoir éprouvé par soi-même. J'arrivai à Madrid après quinze jours de marche, exténué de fatigues, presque affamé, demi rôti, et dévoré de vermines. Je vis une belle et grande ville, bien percée, mais dont les rues sont d'une malpropreté insupportable. Quand il fait un temps humide, on y nage dans l'ordure. Quand il fait beau, on y est suffoqué par une poussière infecte dont l'air est quelquefois obscurci. Il y en a qui prétendent que les mauvaises odeurs sont un sûr préservatif contre la peste. Cela étant, les Espagnols et les Portugais n'ont rien à craindre à cet égard. Leur saloperie les met à couvert de ce redoutable fléau.

L'Espagne est de toutes les nations la plus orgueilleuse, et celle qui a le moins de raison de l'être, à moins que les qualités monacales—je veux dire le cagotisme, la fainéantise et la crasse—ne soient des titres pour s'enorgueillir. On ne saurait refuser toutefois beaucoup de bravoure à ce peuple hautain et superbe, mais il serait à désirer que l'humanité la tempérât. On se souviendra toujours avec autant d'horreur que d'indignation, des actes cruels et féroces qu'ils ont exercés dans la conquête du nouveau monde,[210] et des fleuves de sang qu'ils y ont fait couler. Il n'y a que des diables ou des moines qui puissent leur avoir inspiré tant de barbarie. Si pourtant nous en croyons ces honnêtes gens, ils n'ont eu que de charitables motifs dans cette abominable expédition. C'était la propagation de la foi, c'était le salut éternel de tous ces malheureux qu'ils égorgeaient qui les faisait agir. Quelle infamie! Ainsi la religion, par de sacrilèges abus, devient souvent le prétexte des plus noires iniquités, et la méchanceté des hommes va quelquefois jusqu'à rendre Dieu complice de leurs crimes.

Les faux dehors de piété sont tellement en recommandation parmi les Espagnols que le plus scélérat muni d'un scapulaire et d'un chapelet passera pour un très bon chrétien, tandis que le plus vertueux qui négligera d'avoir sur lui de semblables babioles sera regardé comme un excommunié et un réprouvé.

Voilà ce que produisent la superstition et l'ignorance. Quoique je n'eusse pas sujet d'être content de mon voyage de Madrid, et que je ne dusse point m'attendre à rien de mieux en allant plus avant, j'eus néanmoins la curiosité de pousser jusqu'à Lisbonne.

Cette ville est bâtie en amphithéâtre le long du Tage, qui est en cet endroit-là si large et si profond que les vaisseaux du premier rang peuvent y mouiller à la longueur d'un demi-câble des murs du palais. De dessus la hauteur, le coup d'œil en est admirable. Les Portugais sont un mélange de nègres ou de mulâtres, presque tous juifs de cœur et chrétiens pour la forme. Les prêtres et les moines règnent si souverainement chez eux, qu'ils les font trembler jusque dans le sein de leurs familles.

C'est une chose révoltante que de voir ces détailleurs d'eau bénite, gras et brillants de santé, insultant à la misère publique dans de belles chaises traînées fastueusement par deux superbes mules. Et où croit-on que vont les penaillons ? Confesser les belles et faire des cocus. Les femmes du pays ne sortent guère que pour aller à l'église, mais il y a tant de cérémonies pieuses, tant de fêtes, de processions, de sermons, qu'elles ont des prétextes continuels d'être dehors.[211] Malheur aux maris qui le trouveraient mauvais ! La Sainte Inquisition ne les épargnerait pas. Aussi les pauvres diables prennent-ils leur mal en patience sans souffler le mot.[212] On peut dire que le Portugal est un paradis terrestre pour le clergé et les femmes. J'ai toujours soupçonné que ce sexe charmant que nos cafards appellent, par excellence, le sexe dévot, était dans le secret de l'Église, et que sa dévotion n'était que pure grimace, ainsi que chez les prêtres. Je n'ai jamais eu tant de raison de croire mon soupçon véritable qu'à Lisbonne. Leur maintien hypocrite a quelque chose de si imposant qu'il n'y en a point qu'on ne prît pour des saintes, et cependant on sait comme les bonnes âmes tirent parti de la vie.

Au reste, elles ne font que ce que l'on fait ailleurs. La conduite des femmes n'est partout que mensonge et que tromperie. J'ai connu une dame de la meilleure foi du monde à cet égard.

« On nous accuse, disait-elle un jour, d'être dissimulées. À qui en est la faute, si ce n'est aux hommes ? Y a-t-il rien de plus injuste et de plus ridicule que les lois qu'ils nous imposent ? Toutes ces règles de bienséance, cette retenue, cette modestie auxquelles ils nous assujettissent, sont-elles praticables ? S'il est vrai que nous soyons pétries de même pâte qu'eux, comme nos passions et nos appétits le démontrent assez, n'est-il pas bien bizarre qu'ils veuillent nous forcer à vaincre une nature à laquelle ils sont incessamment obligés de céder ? Telle est donc notre condition que, ne pouvant point obéir à nos tyrans, nous sommes contraintes d'avoir recours à la fourbe et au déguisement pour leur repos et pour le nôtre. Ils nous veulent modestes, chastes, discrètes, pieuses : nous prenons le masque de tout cela, au moyen de quoi ils sont contents et nous aussi. Nous nous formons des plaisirs de nos prétendus devoirs. Les ruses que nous inventons pour tromper nos surveillants, ont des douceurs que nous sommes seules capables d'apprécier et de sentir. En caressant nos maîtres, nous les étranglons. C'est un raffinement de vengeance qui n'est connu que des gens de cour, des prêtres et de nous. Vous l'avouerai-je ?

« Enfin, la religion elle-même est une de nos plus grandes ressources pour passer le temps agréablement. Les églises sont les entrepôts de nos galanteries, les tribunaux de pénitence, où, prosternées aux pieds d'un directeur, l'on s'imagine que, pénétrées d'un sincère repentir, nous demandons l'absolution de nos offenses. Ah! Que si vous connaissiez combien ces tribunaux ont des charmes pour nous, vous envieriez notre sort! Figurez-vous seulement le plaisir que vous auriez de vous confesser à des nonnes, et vous concevrez d'abord le nôtre. Que dis-je! Les hommes deviendraient les plus grands dévots du monde, s'ils avaient, ainsi que nous, l'avantage de se confesser à un sexe différent. »

Comme cette dame en me révélant ces mystères, ne m'a point recommandé le secret, je laisse à la discrétion de mes lecteurs d'en faire l'usage qu'ils voudront. Le peu d'agrément que je goûtai dans mon séjour à Lisbonne, joint à la crainte continuelle où j'étais de tomber sous la griffe de messieurs du Saint-Office, me fit prendre la résolution d'en sortir le plus tôt que je pourrais. Je ne tardai pas à en trouver l'occasion.

Une flotte anglaise était prête à mettre à la voile pour la Grande-Bretagne. Je crus ne pouvoir mieux faire que d'en profiter. Je communiquai mon dessein à M. de Chavigny,*[213] ambassadeur de France. Il me demanda si j'avais oublié que nous étions alors en guerre avec l'Angleterre. Je lui répondis que non, mais que j'étais habitant du monde, et que je gardais une exacte neutralité entre les puissances belligérantes.

Si M. de Chavigny ne goûta point mes raisons, au moins eut-il la bonté de se rendre à mes instances. Il me donna un passeport et en fit demander un autre à M. Keene,[214] envoyé extraordinaire du roi de la Grande-Bretagne qui, à la considération de son excellence, ne fit pas difficulté de me l'accorder. Muni de mes deux patentes, je fus couché à bord le jour de saint Louis,[215] après en avoir célébré la fête avec M. l'Ambassadeur.

Au bout d'un mois de navigation, le mauvais temps nous ayant obligés de relâcher à Portsmouth que nous avions déjà dépassé, j'y débarquai, autant ennuyé de la mer, qu'enchanté de me retrouver sur une terre que j'aurais préférée au délicieux jardin d'Éden.[216]

---

* *Note de 1761*: M. de Chauvigny, le plus profond génie négociateur de la France, peut-être même de l'Europe.

Je pris la poste et fus revoir mes bons amis les mangeurs de rost-beef dans leur capitale. Je vécus dans les commencements avec eux aussi enthousiasmé de leur mérite que l'est un amant des attraits divins de sa maîtresse les premiers jours de la jouissance. Mais comme il arrive à cet amant, quand les premiers feux sont éteints, de découvrir dans cet objet de son adoration maints défauts que son âme préoccupée lui avait fait prendre pour des perfections célestes, de même quand je fus en quelque manière rassasié du commerce ravissant de ces messieurs, quand mes yeux, auparavant couverts du voile de la prévention, se furent dessillés, je cessai d'admirer, et bientôt après, je m'aperçus que ces hommes merveilleux avaient leur mauvais côté comme les autres, et qu'ils n'étaient pas moins extravagants que nous. Avec cette différence seulement que nous sommes des fous gais et joyeux, et qu'ils sont des fous sérieux et tristes.[217] Je vis qu'ils aimaient mieux passer pour singuliers, fantasques, bizarres, que de ressembler à aucun peuple de l'univers. J'observai que dans leurs usages et leur conduite, ils affectaient d'être le rebours des autres nations. En un mot, que si par un miracle de la nature, nous devenions sombres et mélancoliques, ils seraient par esprit de contradiction, aussi évaporés et pétulants que nous le sommes.

Au reste, regardons-les par leur côté favorable, et nous trouverons que ces insulaires sont un des peuples du monde des plus dignes d'estime et d'admiration. Ils sont braves, humains, magnanimes, compatissants. Ils aiment les arts, ils les encouragent, ils les cultivent, ils conservent entre eux une sorte d'égalité qui contribue au bien général. Les derniers citoyens jouissent des mêmes privilèges que les premiers. Ils sont à couvert de l'oppression des grands. Ils vivent tous, sans distinction de rang et de naissance, sous la protection des lois. Ils jouissent paisiblement de ce qu'ils ont, sans craindre qu'un pouvoir arbitraire les en prive. Que dirai-je enfin de plus ?

Les Anglais sont libres. Le souverain ne saurait enlever aucun sujet. Son pouvoir n'est sans limites que pour faire le bien. Tandis qu'en spectateur impartial j'amusais mon loisir à Londres par de semblables remarques, la plupart des princes de l'Europe avaient envoyé leurs ministres à Aix-La-Chapelle pour travailler à terminer leurs différends et rétablir la paix.[218]

Les préliminaires furent à peine signés, que je pris la résolution d'aller revoir ma patrie. Je ne fus pas aussi heureux dans ce voyage que je m'en étais flatté. Mon mauvais sort m'attendait à Paris pour mettre ma philosophie à la plus désagréable épreuve et lui donner de l'exercice. Il y avait déjà trois mois que je m'ennuyais dans cette grande ville, d'où je me préparais à sortir, lorsqu'un pouvoir supérieur me contraignit à y rester.

Voici l'histoire. Un commissaire et un limier de police[*219] vinrent un matin me souhaiter le bonjour au nom du roi, et me prier de trouver bon qu'ils examinassent mes papiers. Ces honnêtes gens m'étaient envoyés de trop bonne part pour que je refusasse de satisfaire leur curiosité. Ils déchiffrèrent donc mes bucoliques et, en ayant fait un paquet qu'ils scellèrent du sceau de je ne sais qui, ils me supplièrent avec les mêmes politesses de vouloir bien les accompagner jusqu'au For l'Évêque,[†220] non sans avoir eu la complaisance de me communiquer auparavant une pancarte en beau[x] caractère[s] signée Louis.

Plaisanterie cessante, j'obéis, et me laissai conduire en prison. Comme mes lecteurs sont indubitablement en peine de savoir la cause d'un traitement si rigoureux, il faut la leur exposer et leur développer des mystères d'iniquité qui ne sont point parvenus à la connaissance de ceux qui ont su mon aventure.

Je m'étais amusé dans mes moments oisifs à jeter sur le papier quelques idées burlesques que j'avais cousues ensemble.[‡221] Je fis la sottise d'en faire confidence à un misérable auteur,[§222] couvert du petit uniforme de prêtre. Ce perfide, auquel, par compassion pour ses pauvres talents, j'ai souvent fait des aumônes, fut révéler mon secret à un triumvirat de coquins, qui m'accusèrent dans une lettre anonyme adressée à l'inquisiteur de police,[§§ 223] d'avoir composé un libelle contre la religion et le gouvernement.

Tout autre que ce digne magistrat, loin de donner créance à une délation sans signature, l'aurait jetée au feu. Mais celui-ci était nouvellement en place. Il lui tardait de donner à la cour des preuves de son zèle et de sa vigilance. Peu lui importait sur qui sa griffe tombât. Il me détacha donc, ainsi que je l'ai dit ci-dessus, mes deux cerbères, munis d'une lettre de cachet. Quel scandaleux abus ! Ne doit-on pas

---

[*] *Note de 1761*: Le commissaire Rochebrune, l'un des plus adroits coquins de sa robe pour nuire aux honnêtes gens.

[†] *Note de 1761*: Prison royale dans le centre de Paris.

[‡] *Note de 1761*: *Margot la Ravaudeuse*.

[§] *Note de 1761*: l'abbé d'Alainval. Il s'est acquis quelque réputation dans le monde par quatre ou cinq petites pièces de théâtre au-dessous du sifflet.

[§§] *Note de 1761*: Nicolas ou Blaise Berryer qui s'est établi un renom immortel par le fameux prostibule de Mme Paris dont il se déclara le souteneur et le protecteur, pour le soulagement des étrangers.

trouver bien étrange que celui dont le véritable emploi est de donner la chasse aux filous, aux filles de mauvaise vie et à leurs suppôts, de tenir les rues nettes et de les faire éclairer, ait de pareilles lettres à sa disposition ? Qui sera désormais en sûreté ? Certes, je ne me serais pas imaginé que les honnêtes gens relevassent de la juridiction d'un homme de cette trempe, et qu'ils fussent gibier à police. Je m'étais toujours flatté que l'honneur, l'exacte probité, la droiture, étaient à couvert des recherches de ce tribunal humiliant, et qu'il n'y avait que l'infamie qui pût y être citée.

Cependant j'ai expérimenté le contraire à ma honte. Car n'en est-ce pas une que d'avoir affaire à ces gens-là ? Mon prétendu libelle ayant été dûment examiné, le prudent magistrat s'aperçut qu'on l'avait trompé. Mais son infaillibilité ne lui permettant pas d'en convenir, il fallut inventer des griefs qui autorisassent ma détention. Que fit ce cauteleux et malintentionné policier ? Il prétendit me faire un crime de mes voyages et me rendre suspect à la cour. Le même commissaire qui m'avait arrêté, vint m'interroger par son ordre, et le maître Gonin employa loyalement toutes les ruses de sa profession pour me faire avouer des impertinences.

Enfin, ces monstres, acharnés à me perdre, firent insinuer au public que j'étais pensionné du gouvernement anglais. Que répondre à des calomnies aussi grossièrement imaginées, sinon, que ma conduite et ma dépense ayant toujours été uniformes, il s'ensuivrait que j'aurais fait le noble métier d'espion *gratis* ?

Que ces infâmes apprennent à me connaître. S'il est vrai, comme le chevalier Robert Walpole[224] le prétendait, que tous les hommes ont leur prix ; et s'il était vrai, suivant cette maxime, qu'ayant aussi le mien, je fusse capable de vendre mon honneur, assurément, ceux qui l'achèteraient, le paieraient bien cher. Mais il y a apparence que le ministre ne prêta pas l'oreille à de pareilles insinuations, puisqu'il n'hésita point d'ordonner mon élargissement dès les premiers jours de ma détention.

On sera peut-être surpris que ses ordres n'aient point été d'abord exécutés, et que je n'aie recouvré ma liberté qu'après le mois révolu, malgré le vif intérêt que des personnes en place prenaient à mon affaire. Voici pourquoi. Je manquai à la plus essentielle des formalités. C'était un placet que son excellence de police attendait. Si, sans faire mal à propos le délicat, j'avais écrit sur de beau papier :

Monseigneur, le nommé Guillot, Martin ou Jeannot, prend la liberté de représenter très humblement à Votre Grandeur, ou à Votre Altesse, &c.

un prompt élargissement, sans doute, eût été la récompense de cette basse et humiliante supplique, et je n'eusse point été exilé. En bonne foi, n'est-il pas bien ridicule qu'un homme de cette espèce exige des honnêtes gens les mêmes titres que lui prodiguent les cureurs de gadoue[225] et les marchandes de vieille morue ? Parce que la canaille l'appelle « Monseigneur », il s'imagine être quelqu'un, et n'est pas content qu'on lui fasse l'honneur de lui écrire comme on ferait à un gentilhomme : *ô tempora ! ô mores !* que dirai-je de plus ?

Ce respectable magistrat ayant tenté vainement tous les moyens imaginables pour allonger le terme de ma prison, eut l'impudence, au mépris des intentions du ministre, de ne me signifier ma sortie que le cinquième jour après en avoir reçu le dernier ordre.*[226] Plût à Dieu que les protecteurs des droits du peuple, je veux dire messieurs du Parlement, le chapitrassent-ils de bonne sorte sur cette prévarication lorsqu'il ira recevoir leurs vesperies.†[227]

Mais pour finir un narré qui n'est déjà que trop long, on me sortit des fers avec injonction, de la part du roi, de m'éloigner de Paris et de n'en point approcher de cinquante lieues, jusqu'à ce qu'il plaise à Sa Majesté d'en ordonner autrement. J'ai cru ne pas me rendre criminel en m'éloignant du double et poussant jusqu'à Londres.

Au reste, si j'ai mal fait, je passe condamnation et me soumets volontiers à l'ostracisme en attendant d'autant plus paisiblement mon rappel que je me trouve bien partout, hormis en prison. Tous les pays me sont égaux, pourvu que j'y jouisse en liberté de la clarté des cieux et que je puisse entretenir convenablement mon individu jusqu'à la fin de son terme. Maître absolu de mes volontés et souverainement indépendant, changeant de demeure, d'habitude, de climat, selon mon caprice, je tiens à tout et ne tiens à rien.

Aujourd'hui je suis à Londres, peut-être dans six mois serai-je à Moscou, à Pétersbourg. Que sais-je enfin ? Ce ne serait pas miracle que je fusse un jour à Ispahan ou à Pékin. Je m'attends qu'une conduite

---

* Note de 1761: M. de Maurepas.

† *Note de 1761*: Le lieutenant de police est obligé d'aller une fois ou deux l'an rendre compte de sa conduite au parlement. On rapporte que le premier président M. du Harlay dit autrefois à quelqu'un qui exerçait cette commission : un Maître Tel, la cour vous recommande Clarté, Vérité et Sûreté. Cette laconique semonce est bien humiliante pour quiconque veut trancher du petit ministre.

et une façon de penser aussi singulières m'attireront beaucoup plus de censeurs que d'approbateurs, mais après m'être déclaré dès le commencement de cette rapsodie, comme je l'ai fait sur le chapitre des hommes, on peut bien juger que leur blâme et leur suffrage me sont également indifférents. Qu'ils m'applaudissent, ou non, mon amour propre n'en sera ni flatté, ni humilié. L'estime des humains dépend de si peu de chose, on l'acquiert et on la perd si aisément que l'acquisition n'en vaut pas les frais, quelque médiocres qu'ils puissent être.

Veut-on que je m'explique d'une manière plus affirmative ? Je méprise trop les hommes pour ambitionner leur approbation et leurs applaudissements. Permis à eux de me rendre mépris pour mépris. Je les y exhorte même. Aussi bien y a-t-il longtemps que j'ai choisi pour ma devise :

contemni et contemnere[228]. *Dixi.*

FIN

Notes & commentaires

- *C*: *Candide*, édition de René Pomeau dans les *Œuvres complètes* de Voltaire (Oxford 1968-), 48 (1980).
- *C₂*: *Candide, seconde partie* (1760), édition d'Édouard Langille (2003).
- *ET*: *Histoire de Tom Jones, ou l'enfant trouvé*, (1750).
- *D*: *Correspondence and related documents*, Les *Œuvres complètes* de Voltaire (Toronto/Oxford: Voltaire Foundation), 85–135, 1968–77.
- *HT*: Fougeret de Monbron, *La Henriade travestie* (1745).
- *MR*: Fougeret de Monbron, *Margot la Ravaudeuse* (1750), éd. Jean-Jacques Pauvert, (Paris: Collection des Tuileries, 1958).
- *PA*: *La Préservative contre l'Anglomanie* (1757).
- Les citations de l'*Encyclopédie* renvoient à l'article nommé dans l'*Encyclopédie, ou dictionnaire raisonné des sciences, des arts, et des métiers*, 1751–1780.
- Nicot, *Thresor de la langue françoise tant ancienne que moderne* (1606).
- *DA*: *Dictionnaire de l'Académie française* 1ère (1694), 4ᵉ (1762), 5ᵉ (1798) et 6ᵉ (1835) éditions.
- Féraud, *Dictionnaire critique de la langue française*, (1787–1788).
- Cotgrave, *Dictionarie of the French and English Tongues*, (1611).

[1] **patria est ubicunque est bene**: la patrie est aux lieux où se trouve le bonheur. Sentence latine attribuée à plusieurs auteurs dont Cicéron [Tusculanes, V, 37] qui y ajoute: « on demandait à Socrate de dire où il était citoyen. — Citoyen du monde fut sa réponse. C'est le monde entier qu'il considérait comme son pays d'origine et sa cité ».

[2] **anglomanie en France au milieu du XVIIIe**: à partir des années 1740, l'élite intellectuelle en France s'engoue pour les Anglais et pour leurs institutions sociales, politiques, et littéraire. Depuis la parution des *Lettres Philosophiques* (1734) de Voltaire et surtout de *L'Esprit des lois* (1748) de Montesquieu, l'Angleterre semblait un modèle de tolérance et de liberté. Voltaire ne laisse d'en parler dans ses ouvrages historiques ou critiques. À tel point que dans son *Préservatif contre l'anglomanie* (1757) Fougeret de Monbron, revenu de son enthousiasme de jeunesse, s'en prend vivement à l'opinion voltairienne. D'après ce texte polémique, Voltaire voit en ce peuple « ingrat et féroce [...] un modèle de perfection en tout genre » [PA 7]. À noter que dès 1760 Voltaire déplorait l'anglomanie de ses compatriotes, surtout dans le domaine de la littérature : « J'ai eu une grande dispute avec mr le président Hainaut, au sujet de François second, et je vous en fais juge. Je voudrais que quand il se portera bien, et qu'il n'aura rien à faire, il remaniât un peu cet ouvrage ; qu'il pressât le dialogue, qu'il y jettât plus de terreur et de pitié, et même qu'il se donnât le plaisir de le faire en vers blancs, c'est à dire, en vers non rimés. Je suis persuadé que cette pièce vaudrait mieux que toutes les pièces historiques de Shakespear, et qu'on pourait traitter les principaux évènements de nôtre histoire dans ce goût. Mais il faudrait pour celà un peu de cette liberté anglaise qui nous manque. Les Français n'ont encor jamais osé dire la vérité toute entière. Nous sommes de jolis

oiseaux à qui on a rogné les ailes. Nous voletons, mais nous ne volons pas ». D11374. Voltaire à Mme Du Deffand, 19 août 1763.

[3] **Diogène de Sinope**: Διογένης, (Sinope v. 413–Corinthe, v. 327 av. J.-C.). Philosophe grec de l'école cynique. Allusion au flegme, mais aussi à l'excentricité supposés des Anglais.

[4] **Lare**: «nom que les anciens Romains donnaient à leurs dieux domestiques, autrement appelés pénates». Par extension «la maison, la demeure» [DA: 1832].

[5] **Jacques Rost-Beef**: antonomase signifiant habillé à l'anglaise, contrefaisant les manières anglaises. Jacques Rosbif est le nom d'un honnête négociant anglais dans *Le Français à Londres* (1727), comédie de Louis de Boissy. *Le Dictionnaire de l'Académie* (1798) précise: «mot anglais qui a passé dans notre langue, et qui signifie originairement 'bœuf rôti'». Le sobriquet «rosbif» signifiant «Anglais» n'est pas attesté dans les dictionnaires. On le repère toutefois à compter du XIXe siècle où il exprime une nuance moqueuse: «Only my white cockade and coat had saved me from the fate which the other canaille of Rosbifs had deservedly met with.», Thackeray, *The Virginians*, ch. 51.

[6] **géomètre à la mode**: Pierre-Louis Moreau de Maupertuis (1698–1759), mathématicien et astronome français. *Le Cosmopolite* fait allusion au séjour de Maupertuis à Londres datant de 1728, voyage qui marqua un tournant décisif dans sa carrière. Tout comme Voltaire, Maupertuis y découvre les idées de Newton, et en particulier l'attraction universelle dont il va devenir un ardent propagandiste. Distinction rare pour l'époque, Maupertuis fut membre de la Royal Society. La querelle Voltaire-Maupertuis date des années 1740 quand la «divine» Émilie (Du Châtelet) s'éprend pour Maupertuis. Les rapports de nos deux hommes s'enveniment dès l'arrivée en 1753 de Voltaire à la cour de Frédéric II où Maupertuis était installé en tant que président de l'Académie royale. Voltaire le stigmatisa dans *Micromégas* (1752) et dans la *Diatribe du Docteur Akakia*, médecin du pape (1752).

[7] **capitaine le plus arabe**: *Cf.* chapitre 11 de *Candide*: «Elle avait une très belle terre auprès de Gaïete: nous nous embarquâmes sur une galère du pays, dorée comme l'autel de Saint-Pierre de Rome. Voilà qu'un corsaire de Salé [Maroc] fond sur nous et nous aborde; nos soldats se défendirent comme les soldats du pape: ils se mirent tous à genoux en jetant leurs armes, et en demandant au corsaire une absolution in articulo mortis. [...] Je ne vous dirai point combien il est dur pour une jeune princesse d'être menée esclave à Maroc avec sa mère; vous concevez assez tout ce que nous eûmes à souffrir dans le vaisseau corsaire» [C: 154-55].

[8] **prendre son mal en patience**: *Cf. Candide*: «Pour Martin, il était fermement persuadé qu'on est également mal partout; il prenait les choses en patience» [C: 255]; voir aussi *Margot La Ravaudeuse*: «Quant à moi, chétive pécheresse, j'avoue que loin d'avoir pris la chose en patience, et d'avoir chrétiennement béni mes assaillants, je ne cesse de vomir contre eux toutes les imprécations imaginables tant que la scène dura» [MR: 38-39]. Voir n. 212.

[9] **île de Sérique**: Cérigo, Cirigotto (dialecte vénitien), Antikithera (grec). L'ancienne Cythère, située entre le Péloponnèse et la Crète; emplacement dans l'Antiquité du sanctuaire de Vénus Anadyomène (sortant de la mer). Voir *Nouveau*

Voyage de Grèce, d'Égypte etc. p. 176 ; **Goze**: Gozzo. Îlot situé à proximité de Malte, entre la Sicile et la Tunisie.

[10] **fils de Vénus**: Cupidon (Éros dans la mythologie grecque) représenté sous les traits d'un angelot malicieux qui perce les cœurs avec ses flèches. Allusion à l'*Énéide*, I, v. 314–407.

[11] **rivale de Rome**: « Carthage, dite la grande, fut autrefois capitale d'un puissant empire, et la principale ville d'Afrique près de Tunis », *Encyclopédie*.

[12] **histoire de Léandre et d'Héro**. C'est Ovide qui raconte les amours de Léandre et d'Héro. Celle-ci était une prêtresse d'Aphrodite, à Sestos, ville de l'Hellespont. Elle fut aimée de Léandre, un jeune homme qui vivait à Abydos, ville sur le côté asiatique du détroit. Ils ne pouvaient pas se marier car Héro avait fait vœu de chasteté. Aussi, chaque nuit, Léandre nageait-il d'Europe vers l'Asie, guidé par une lampe de la tour d'Héro. Une nuit d'orage, un vent fort éteignit le signal et Léandre se noya. Le lendemain, son corps fut entraîné vers le rivage au pied de la tour d'Héro. De désespoir, elle se jeta à la mer. Voir Casalegno, pp. 22–26.

[13] **Zaïde Effendi**: Saïd Effendi, ambassadeur turc à Versailles en 1741, fils de l'Ambassadeur Mehemet Effendi dont la mission en France date de 1721. Effendi-père introduisit l'imprimerie en Turquie en 1726. Elle fut anéantie à Constantinople en 1757, incident qui inspira à Voltaire l'opuscule intitulé: *De l'horrible danger de la lecture* (1765): « Nous Joussouf Chéribi, par la grâce de Dieu mouphti du Saint-Empire ottoman, lumière des lumières, élu entre les élus, à tous les fidèles qui ces présentes verront, sottise et bénédiction. Comme ainsi soit que Saïd Effendi, ci-devant ambassadeur de la Sublime Porte vers un petit État nommé Frankrom, situé entre l'Espagne et l'Italie, a rapporté parmi nous le pernicieux usage de l'imprimerie, ayant consulté sur cette nouveauté nos vénérables frères les cadis et imans de la ville impériale de Stamboul, et surtout les fakirs connus pour leur zèle contre l'esprit, il a semblé bon à Mahomet et à nous de condamner, proscrire, anathématiser ladite infernale invention de l'imprimerie, pour les causes ci-dessous énoncées [...] ». Coypel exécuta un pastel de Saïd Effendi en 1742. En outre, Saint-Foix composa en son honneur une comédie intitulée *Les Veuves turques*, jouée aux Italiens en 1742.

[14] **M. Couturier**: « marchand français qui, en 1739, courait la poste avec le major Saint-Clair (que Fougeret cite en note), courrier politique au service de la Suède, qui portait à Stockholm un plan de campagne. Rejoint par une petite troupe au service de la tzarine, Saint-Clair fut abattu et dépouillé de ses papiers ; Couturier fut emmené et remis en liberté à Dresde ». Note de R. Trousson, LC p.39.

[15] **M. de Castellane** (1703–1782): Michel-Ange de Castellane, Ambassadeur de Louis XV à la Porte (1741–1747). Le marquis d'Argenson note dans son journal : « 27 juin 1741—M. Fagon m'a dit qu'il ne connaissait seulement pas M. de Castellane qui vient d'être nommé à l'ambassade de Constantinople, quoique la principale relation en dût être avec lui pour les affaires du commerce du Levant ; qu'il avait seulement ouï dire qu'il ne savait ni lire ni écrire. Il a pis que cela, lui ai-je dit, c'est qu'il parle toujours sans rien savoir. » *Journal et mémoires du marquis d'Argenson*, p. 117. Voir Rousseau, F., « L'Ambassade du comte de Castellane à Constantinople ».

[16] **pacha Bonneval**: Claude Alexandre, comte de Bonneval (1675-1747). Officier français qui se mit au service de l'Empire ottoman en se convertissant à l'Islam. Né d'une famille noble du Limousin, Bonneval servit d'abord avec distinction dans la marine française et dans l'armée de terre. Disgracié pour avoir offensé Madame de Maintenon, il passa au service de l'Autriche et combattit contre sa patrie en Provence, en Dauphiné, à Turin, et à Malplaquet. S'étant encore fait disgracier pour avoir insulté le Prince Eugène, il se réfugia en Turquie, prit le turban (1729), fut fait pacha et combattit les Autrichiens. Voltaire parle souvent de Bonneval et semblait être au courant dès août 1729 de sa conversion à Islam: «Mandez moy s'il est bien vray que Bonneval soit musulman. J'ay mes raisons, parce que j'écris demain à Constantinople où j'ay plus d'amis qu'icy, car j'y en ay deux, et icy qu'un qui est vous. Mais vous valez deux Turcs en amitié. Adieu», D 365 Voltaire à Thieriot, 12 août 1729.

[17] ***Mémoires de M. le comte de Bonneval***: *Mémoires du comte de Bonneval* (Londres 1737); *Anecdotes vénitiennes et turques, nouveaux mémoires du comte de Bonneval* (Londres, Utrecht 1740). Ouvrages fantaisistes, teintés d'érotisme oriental, largement inspirés par la carrière illustre et scandaleuse du comte de Bonneval. Publiés sous le nom de Mirone à Londres en 1737, les *Mémoires* font la part belle aux exploits galants de leur prétendu auteur ainsi que de sa femme, le tout dans un décor des plus romanesques, mi-vénitien, mi-turc. Force anecdotes présentes dans *Le Cosmopolite* y sont annoncées: l'ennui de l'opéra italien, le Carnaval de Venise, la médiocrité de l'architecture turque, leurs fondations pour entretenir les animaux abandonnés, la peste etc.

[18] **Rousseau**: Jean-Baptiste Rousseau (1670-1741), poète et dramaturge français. Sur les rapports d'amitié du comte de Bonneval et de Rousseau on se référera à *La Vie de M. Jean-Baptiste Rousseau* (1738) de Voltaire: « la véritable raison de la disgrâce de Rousseau auprès de son protecteur vient de ce misérable penchant à la satire, qu'il ne put jamais réprimer. Il semble qu'il y ait, dans certains hommes, une prédétermination invincible et absolue à certaines fautes. Lorsque le comte de Bonneval eut à Bruxelles cette malheureuse querelle avec le marquis de Prié, laquelle enfin conduisit un excellent officier chrétien à se faire mahométan, et à commander les armées des Turcs; au temps, dis-je, de cette querelle, le comte de Bonneval fit quelques couplets contre le prince Eugène, et Rousseau eut la criminelle complaisance d'aiguiser ses traits, et d'ajouter une demi-douzaine de rimes à ces injures. Le prince Eugène le sut, et se contenta de lui retrancher la gratification annuelle qu'il lui faisait, et de le priver de l'emploi qu'il lui avait promis dans les Pays-Bas ».

[19] **Mornay**: personnage non identifié. Le nom de Mornay rappelle *La Henriade* de Voltaire (1728). Philippe Duplessis-Mornay (1549-1623), chef huguenot, ami d'Henri IV occupe une place d'importance dans ce poème: «Non moins prudent ami que philosophe austère, / Mornay sut l'art discret de reprendre et de plaire: / Son exemple instruisait bien mieux que ses discours: /Les solides vertus furent ses seuls amours». Il est également présent à différentes reprises dans la *Henriade travestie* de notre auteur. Le trio Mornay, Ramsay, Macarti est mentionné en 1752 par Voltaire dans une note ajoutée à son *Ode sur l'ingratitude*: «Macarti s'enfuit avec un Écossais, nommé Ramsay [...] et avec un officier français nommé Mornay; ils passèrent tous trois à Constantinople, et se firent circoncire chez le comte de Bonneval.»

²⁰ **Ramsay**: allusion calomnieuse à André-Michel Ramsay (1686-1743). Cet Écossais, était un disciple de Fénelon, et l'auteur des *Voyages de Cyrus* (1728). Ramsay était Jacobite et, par conséquent, catholique. Il est mort à Saint-Germain en Laye et n'alla jamais en Orient. Voltaire renchérit en faisant allusion en 1775 à un « presbytérien » converti à l'Islam (toujours avec l'abbé Macarti) dans *Les Oreilles du comte de Chesterfield*: « Bonneval a été lié avec le prêtre papiste Macarti, irlandais qui se fit couper le prépuce à l'honneur de Mahomet, et avec notre presbytérien », *Romans et Contes*, (Paris, Gallimard, 1970), pp. 586-87.

²¹ **abbé Macarti (MacCarthy)**: littérateur dont l'histoire livre peu de données. On sait qu'il fut l'auteur d'une parodie de Phaéton (*Arlequin Phaéton*) jouée aux Italiens en 1721, et qu'il était lié avec l'abbé Desfontaines. C'est à ce titre que l'abbé Macarti figure dans la biographie voltairienne: « Je jettai en même temps les yeux d'un autre côté pour le choix d'un secrétaire dans l'ambassade de mʳ le duc de Richelieu. Plusieurs personnes se sont présentées. L'abbé des Fontaines, l'abbé Makarti, envioient ce poste, mais ny l'un ny l'autre ne convenoient, pour des raisons qu'ils ont senti eux-mêmes. » D217 Voltaire à Thieriot, (13 otobre 1724). Voltaire fait allusion à ce Macarti dans son Ode IV (1736) dédiée au même duc de Richelieu intitulée *Sur l'ingratitude*. Il y évoque une amitié aigrie, telle qu'il en avait la spécialité: « Qu'un Hibernois, loin de la France/ Aille ensevelir dans Bizance/ Sa honte, à l'abri du croissant; D'un œil tranquille et sans colère, Je vois son crime et sa misère; Il n'emporte que mon argent ». Voltaire y revient à nouveau en 1752 de même qu'en 1775. Chose intéressante, il mentionne d'un trait les noms de Macarti, de Ramsay et Mornay ainsi que le comte de Bonneval comme s'il venait de lire *Le Cosmopolite*: « Un abbé irlandais, fils d'un chirurgien de Nantes, qui se disait de l'ancienne maison de Macarti, ayant subsisté longtemps des bienfaits de notre auteur, et lui ayant emprunté deux mille livres en 1732, s'enfuit aussitôt avec un Écossais, nommé Ramsay, qui se disait aussi des bons Ramsay, et avec un officier français, nommé Mornay; ils passèrent tous trois à Constantinople, et se firent circoncire chez le comte de Bonneval. Remarquez qu'aucun de ces folliculaires, de ces trompettes de scandale qui fatiguaient Paris de leurs brochures, n'a écrit contre cette apostasie; mais ils ont jeté feu et flamme contre les Bayle, les Montesquieu, les Diderot, les d'Alembert, les Helvétius, les Buffon, contre tous ceux qui ont éclairé le monde ».

²² **Livourne**: Livorno. Ville d'Italie, située en Toscane. L'*Encyclopédie* y consacre un article faisant état de l'esprit de liberté qui y régnait: « ville d'Italie des états du grand-duc de Toscane dans le Pisan […]. Toute secte et religion y jouit également d'un profond repos; les Grecs, les Arméniens y ont leurs églises. Les Juifs, qui y possèdent une belle synagogue et des écoles publiques, regardent Livourne comme une nouvelle terre promise. La seule monnaie du grand duc annonce pleine liberté et protection ». Voir « Livourne » dans Jean Baptiste Labat, *Voyage en Espagne et en Italie*.

²³ **Monsieur de Caylus**: Charles de Thubière, marquis de Caylus (1698-1750). Capitaine de vaisseau qui, en 1744, repoussa une division anglaise au large de Gibraltar. Nommé chef de division (1744), il stationna à Toulon, et à Malte, et le 14 août 1745, fut nommé gouverneur lieutenant général des Îles-du-Vent. Il prenait dès cette date le titre de chef d'escadre. **Monsieur de Glandevès**: François de Glandevès (1696-1774). Appartenant à une très ancienne famille provençale qui fournit de nombreux marin à la France, François de Glandevès entra encore enfant dans la compagnie des gardes de l'étendard et servit, dès 1713, sur les galères. Il y fit

de très nombreuses campagnes et, après avoir passé par tous les grades, obtint en 1749, celui de capitaine de vaisseau. Bailli de l'ordre de Malte, il était grand-croix de l'Ordre de St-Jean de Jérusalem. Voir n. 63.

[24] **penaillon :** haillon. « Son habit était en penaillons. Que voulez-vous faire de ce penaillon ? Il est du discours familier » [DA : 1762].

[25] **sérail :** topos fantasmatique de la littérature orientaliste. *L'Encyclopédie* consacre un long article au « serrail » insistant sur le sort ambigu de ces femmes « prisonnières ». « Les femmes du sultan [...] sont enfermées dans ces sortes de prisons [.] On est dispensé d'en rien savoir, puisque ces dames ne tombent pas plus sous les sens d'aucun étranger que si elles étaient des esprits purs [...] comme c'est un crime de voir celles qui restent dans le palais, il ne faut point compter sur tout ce qu'on en a écrit ; quand même on pourrait trouver le moyen d'y entrer un seul instant, qui est-ce qui voudrait mourir pour un coup d'œil si mal employé ? Tout ce qu'on peut penser de mieux, c'est de regarder les sultanes favorites comme les moins malheureuses esclaves qui soient au monde. Mais de combien la liberté est-elle préférable à un si faible bonheur ! »

[26] **caftan :** cafetan. « Robe de distinction chez les Turcs » [DA : 1762].

[27] **souquenilles :** « sorte de justaucorps fort long, fait de grosse toile, qu'on donne aux cochers et aux laquais pour conserver leurs habits. Mettez votre souquenille pour aller porter du bois » [DA : 1696].

[28] **pilau :** « riz cuit avec du beurre, ou de la graisse et de la viande. Le pilau est la nourriture ordinaire dans le Levant » [DA : 1696].

[29] **janissaires :** soldat d'élite de l'infanterie turque appartenant à la garde du sultan. D'après *L'Encyclopédie* : « soldat d'infanterie turque, qui forme un corps formidable en lui-même, et surtout à celui qui le paye ».

[30] **Tavernier :** Jean-Baptiste Tavernier (1604-1689). D'une famille de célèbres cartographes attachés à la cour, le jeune Tavernier ne rêve que d'entrer physiquement dans les cartes : « Si la première éducation est comme une seconde naissance, je puis dire que je suis venu au monde avec le désir de voyager ». À 25 ans, alors qu'il a déjà vu une grande partie de l'Europe, il part pour l'Asie qu'il traversera jusqu'à Java. Mais c'est en Turquie, en Perse et en Inde qu'il séjourne le plus au cours de ses quarante années de voyage. Il devient marchand d'étoffes, puis de pierres précieuses. Il est reçu à la cour des sultans, des shahs, des princes Raja et du grand Moghol. Il parcourt l'Inde en tous sens. Il traverse ainsi plusieurs fois l'actuel Rajasthan, notamment quand il se rend de Surate à Agra, par des routes chaque fois différentes. De retour en Europe, il est anobli par le roi Louis XIV dont il avait été d'ailleurs chargé d'annoncer la naissance, trente ans plus tôt, aux ambassadeurs de France en Asie.

[31] **hippodrome de Constantinople :** « cirque que l'empereur Sévère commença, et qui ne fut achevé que par Constantin ; il servait pour les courses de chevaux, et pour les principaux spectacles. Ce cirque, dont la place subsiste toujours, a plus de 400 pas de longueur sur 100 pas de largeur. Il prit le nom d'hippodrome sous les empereurs grecs », *Encyclopédie*.

[32] **firman**: « terme de relation qui signifie un édit, un ordre, un permis du Grand Seigneur, ou de quelque autre souverain de l'Orient » [DA 1762].

[33] **Sainte-Sophie**: Αγια Σοφια: « Sainte Sagesse ». Ancienne église de Constantinople (VIe siècle), puis mosquée (XVe siècle). Depuis 1934 elle n'est plus un lieu de culte mais un musée.

[34] **j'y vis inhumer un mahométan**: voir Du Mont « De la manière des funérailles parmi les Turcs », t. 1 p. 35.

[35] **drogueman, drogueman**: « est aux Italiens ce que communément nous disons truchement » [Nicot: 1606].

[36] **derviche tourneur**: confrérie musulmane fondée à Konya (Turquie) au XIIIe siècle. Connus pour leurs célèbres danses, les derviches tournent d'abord lentement puis très rapidement, atteignant une forme de transe. Ils déploient leurs bras, la paume de la main droite est dirigée vers le ciel pour recueillir la grâce d'Allah, celle de la main gauche est dirigée vers la terre pour l'y répandre. L'origine de cette manifestation reste mystérieuse. **Dervis**: « quelques-uns écrivent derviche. Espèce de moine, chez les Turcs. » [Féraud: 1787–1788].

[37] **papelard**: « hypocrite, faux dévot » [DA: 1694].

[38] **ramasan**: *ou ramadan*. « Mois que les Turcs consacrent à un jeûne, qui est une espèce de carême » [DA: 1762].

[39] **du plus loin que**: « de la plus grande distance possible » [DA: 1832].

[40] **harem**: mot emprunté de l'arabe signifiant « interdit ». « Se dit, chez les mahométans, de l'appartement des femmes » [DA: 1762].

[41] **bis**: « plâtre ». Bis « ne se dit proprement que du pain ou de la pâte » [DA: 1694].

[42] **bain sec**: bain à vapeur. Le thème de l'homosexualité (associé ici au bain sec) est un lieu commun peu étudié de la littérature orientaliste du XVIIIe siècle. Déjà en 1727 le sérieux Jean de Thévenot note que les Persans sont « vains et fort adonnés au luxe [...] oisifs, voluptueux », que leurs peintures sont « infâmes », aussi « sont-ils fort abandonnés à l'impureté, de même que les Turcs, et surtout à celle que l'on punit de feu en France. » (Thévenot, III, pp. 308–309). On se rappelle dans *Candide* le plaidoyer du baron jésuite au chapitre 28 : « Je fus nommé pour aller servir d'aumônier à Constantinople auprès de monsieur l'ambassadeur de France. Il n'y avait pas huit jours que j'étais entré en fonction, quand je trouvai sur le soir un jeune icoglan très bien fait. Il faisait fort chaud: le jeune homme voulut se baigner; je pris cette occasion de me baigner aussi. Je ne savais pas que ce fût un crime capital pour un chrétien d'être trouvé tout nu avec un jeune musulman. Un cadi me fit donner cent coups de bâton sous la plante des pieds, et me condamna aux galères » [C: 248]. Voir C2, p.6.

[43] **Amour socratique**: « homosexualité », « amour anti-physique ». *Cf.* MR « Le traître me fit ce que les libertins se font entre eux. Je perdis mon autre pucelage.

Les contorsions que j'avais faites dans cette anti-naturelle opération [...] firent comprendre à M. le Président que je n'avais nullement partagé ses plaisirs » (p. 27-28) ; « Valois, comme une franche outarde/ S'amusoit lors à la moutarde/ Avec deux ou trois débauchés/ Enclins à certains gros péchés/ Qu'on punit du fagot en France/ Et qu'on autorise à Florence » (HT p. 35). Voir aussi l'article « Amour nommé socratique » dans le *Dictionnaire philosophique* (1764) de Voltaire.

44 **conformistes** : « Qui fait profession de la religion dominante en Angleterre » [DA : 1762]. Dans le présent contexte « hétérosexuel ». Notons que dans *Les Questions sur l'Encyclopédie* [1770] Voltaire emploie le terme « non conformiste » pour désigner l'homosexuel. « Puisqu'on a parlé des Bulgares dans le Dictionnaire encyclopédique, quelques lecteurs seront peut-être bien aises de savoir qui étaient ces étranges gens, qui parurent si méchants qu'on les traita d'hérétiques, et dont ensuite on donna le nom en France aux non conformistes, qui n'ont pas pour les dames toute l'attention qu'ils leur doivent ; de sorte qu'aujourd'hui on appelle ces messieurs Boulgares, en retranchant l et a. Les anciens Boulgares ne s'attendaient pas qu'un jour dans les halles de Paris, le peuple, dans la conversation familière, s'appellerait mutuellement Boulgares, en y ajoutant des épithètes qui enrichissent la langue », *Questions sur l'Encyclopédie*, vol. 3, p. 476.

45 **utroque jure licentiati** : « licenciés dans l'un et l'autre droit ». Périphrase pour « bisexuels ».

46 **au poil et à la plume** : terme de fauconnerie puis de chasse signifiant dresser un chien à poursuivre toute sorte de gibier (lièvres, perdrix, etc.), puis signifiant « qui est bon à tout faire » : « Monsieur le Receveur, nous nous verrons autre part qu'ici ; et je vous ferai voir que je suis au poil et à la plume », Molière, *La comtesse d'Escarbagnas* (1671) sc. viii. Dans le présent contexte l'expression signifie « bisexuel ». Elle est attestée depuis le XVIIe siècle, surtout dans le registre satirique : « Sergent à verge de sodome, exploitant partout le royaume, bougre bougrant, bougre bougré, et bougre au suprême degré, bougre au poil, et bougre à la plume [...] » *Chanson contre Mazarin*, Carrier, I p. 302.

47 **sunt certi denique finis...** : « il existe une mesure en toutes choses », (Horace, Satires I, 1/106).

48 **Monsieur de Carlson** : Edvard Carleson (1704-1767) voyageur, diplomate et économiste suédois. Chargé d'affaires puis envoyé suédois à Constantinople de 1734-1746, Carleson fut autorisé à négocier avec le comte de Bonneval (voir n. 17) le remboursement de la dette que le roi de Suède Charles XII avait contractée chez les Turcs en 1713. Voir Müller, p. 57.

49 **baroque** : « se dit au figuré, pour irrégulier, bizarre, inégal » [DA : 1762].

50 **donner un plat de notre métier** : « faire part de ce qu'on sait le mieux, suivant la profession dont on est » [DA : 1694].

51 **on ne doit jamais disputer des goûts, ni des couleurs** : pour la même notion voir *Justine, ou les malheurs de la vertu* de Sade : « [l]a chose du monde la plus ridicule sans doute...est de vouloir disputer sur les goûts de l'homme, les contrarier, les blâmer, ou les punir, s'ils ne sont pas conformes aux lois du pays qu'on habite,

soit aux conventions sociales. Eh quoi! Les hommes ne comprendront jamais qu'il n'est aucune sorte de goûts, quelque bizarres, quelque criminels même qu'on puisse les supposer, qui ne dépende de la sorte d'organisation que nous avons reçue de la nature» (Sade, *Justine, ou les malheurs de la vertu*, p. 211-12].

⁵² **serper**: terme de marine. «Lever l'ancre. Il ne se dit que des galères et des bâtiments de bas-bord» [DA: 1694].

⁵³ **coche**: «espèce de chariot couvert, dont le corps n'est pas suspendu, et qui sert à mener, à voiturer des personnes» [DA: 1694]. L'emploi ironique signifiant un vaisseau lourd et difficile à gouverner.

⁵⁴ **grelin**: terme de marine. «Le plus petit des câbles d'un vaisseau» [DA: 1762].

⁵⁵ **touer**: terme de marine. «Faire avancer un navire, en tirant un câble à force de bras, ou au moyen du cabestan; au lieu qu'on remorque au moyen d'un bâtiment à rames» [DA: 1762].

⁵⁶ **salut des châteaux**: «saluer s'emploie pour signifier les marques de civilité, de déférence, de respect qui sont en usage dans les troupes, soit de terre, soit de mer. [...] On salue à la mer en tirant le canon. Les vaisseaux amis qui se rencontrent en mer, se saluent. Les galères et les vaisseaux se saluèrent de tant de coups de canon. Les vaisseaux saluèrent la citadelle. On salue aussi à la mer en baissant le pavillon. Ce qui ne se fait que d'un vaisseau à l'égard d'un autre, en reconnaissance d'une plus grande dignité» [DA: 1762]. Les «châteaux» en question sont mentionnés dans *Les Mémoires du comte de Bonneval*. «Depuis le Pont Euxin jusqu'à Bukderé, c'est-à-dire, l'espace d'une lieue, on ne voit que les deux derniers châteaux qui gardent l'embouchure du canal et deux vieilles tours ruinées qu'on appelle tours d'Ovide» (I, p. 217).

⁵⁷ **fameuse matrone**: Artémis d'Ephèse, déesse de la fertilité, qui nourrit l'ensemble de l'humanité grâce à ses seins très nombreux engorgés du lait divin.

⁵⁸ **Erostrate**: Cherchant la célébrité, Érostrate mit le feu à Artémision à Éphèse. Ce temple était considéré l'une des sept merveilles du monde. D'après la légende, l'incendie eut lieu le 21 juillet de l'an 356 avant l'ère chrétienne, le jour même de la naissance d'Alexandre le Grand. Après son exécution, il fut interdit, sous peine de mort, de citer son nom afin de le priver de la gloire posthume qu'il cherchait.

⁵⁹ **Chio**: île grecque montagneuse de la mer Égée, atteignant 1 300 m et proche de la côte turque.

⁶⁰ **Sérigue**: Cérigo, Cirigotto (dialecte vénitien), Antikithera (Αντικύθηρά grec moderne).

⁶¹ **Cythère**: il n'est pas impossible que la description que donne Monbron dudit lieu—«il faut croire pour l'honneur et la justification de ces illustres prôneurs de Cythère, que c'était jadis un séjour délicieux, mais que tout en a dégénéré depuis jusqu'au terrain»—ait inspiré ces vers célèbres de Baudelaire: «Cythère n'était plus qu'un terrain des plus maigres, Un désert rocailleux troublé par des cris aigres», *Un Voyage à Cythère* (voir n. 11).

⁶² **casaquins**: «espèce d'habillement court et qu'on porte pour sa commodité» [DA 1762]. «Petite casaque; vêtement autrement nommé apollon, aujourd'hui il ne se dit guère que d'un habillement de femmes» [Féraud: 1787-1788].

⁶³ **ordre de Saint Jean de Jérusalem**: l'Ordre de Malte s'appelle officiellement l'Ordre Souverain Militaire Hospitalier de Saint Jean de Jérusalem, de Rhodes et de Malte. À la suite de la conquête de Jérusalem par Godefroy de Bouillon, en 1099, Gérard Tenque sépara les hospitaliers des religieux et fonda l'Ordre de Saint-Jean-Baptiste, qui fut approuvé par le pape Pascal II en 1113. Après la mort de frère Gérard, son successeur Raymond du Puy (premier qualifié maître de l'ordre), le convertissait en un ordre religieux de chevalerie, que Calixte II confirma en 1120. Les chevaliers Hospitaliers faisaient vœux de chasteté, d'obéissance et de pauvreté. Ils n'adoptèrent la vocation militaire que vers 1140, sans toutefois perdre leur rôle hospitalier. On se souvient des «très religieux» chevaliers de Malte au chapitre 11 de *Candide*.

⁶⁴ **baillif**: «chef de la noblesse et de la justice dans l'étendue d'un certain ressort» [DA: 1694].

⁶⁵ **greluchonner**: de «greluchon, nom qu'on donne à l'amant aimé et favorisé secrètement par une femme qui se fait payer par d'autres amants. Il est familier et libre» [DA: 1762].

⁶⁶ **quarantaine à Marseille**: voir Du Mont, t. 1 p. 167-168.

⁶⁷ **Hyères**: commune dans le sud-est de la France (à l'est de Toulon). Les îles d'Hyères comprennent Porquerolles, Port-Cros, et l'île du Levant.

⁶⁸ **quoique la France et l'Angleterre n'eussent point encore rompu ouvertement**: Louis XV déclare la guerre à l'Angleterre et à l'Autriche le 15 mai 1744.

⁶⁹ **plumet**: «se dit d'un jeune homme qui porte un plumet; et ordinairement il ne se dit en ce sens que par raillerie ou par mépris» [DA: 1762]; *Cf.* MR «vos compagnes sont toutes occupées avec une bande de plumets étourdis» p. 32.

⁷⁰ **quintal**: poids de cent livres.

⁷¹ **lazaret**: «lieu destiné dans quelques villes, et principalement dans certains ports de la mer Méditerranée, pour y faire faire quarantaine à ceux qui viennent» [DA: 1832].

⁷² **spécifique**: remède. «Le quinquina est un grand spécifique contre la fièvre intermittente» [Féraud: 1787-1788].

⁷³ **le lendemain, je pris la route de Paris où peu de temps après mon arrivée, je fus attaqué d'une fièvre maligne**. *Cf.* chapitre 22 de *Candide* où le héros «fut attaqué d'une maladie légère causée par ses fatigues [...] cependant à force de médecines et de saignées, la maladie de Candide devint sérieuse.» (C: 209).

[74] **froncles**: furoncles. « Espèce de flegmon enflammé et douloureux, qui se termine par un abcès. On l'appelle vulgairement clou » [DA : 1762].

[75] **apozèmes**: terme de médecine. Potion médicinale faite d'une décoction d'herbes.

[76] **cœlum non animum mutant, qui transmare current etc.**: « *courir au-delà des mers, c'est changer de climat, mais non changer de cœur* ». (Horace, liv. I, épit. XI, v. 27).

[77] **hôtel de Gêvres**: N° 73 rue Ste-Anne : ancien hôtel Seiglière de Boisfranc (1670), dit hôtel de Gêvres. Une des fameuses maisons de jeux de l'époque (l'autre étant l'hôtel de Soissons), ouverte par le gouverneur de Paris, le duc de Gêvres » [Barbier III p. 271]. **Abbé de Bois-morant**: Claude Joseph, abbé de Boismorand (1680–1740), jésuite, puis ex-jésuite, littérateur français, gros joueur. Hoeffer prétend que « lors des querelles des jansénistes et des molinistes, Boismorand se créa un singulière ressource. Il composa contre les jésuites des mémoires qu'il allait dénoncer au père Tournemine comme l'œuvre des jansénistes, se faisant ensuite donner de l'argent pour répondre à ses mémoires ». C'est sans doute à ces mémoires (« le secret de l'Église ») que se réfère l'allusion du *Cosmopolite*.

[78] **bateleurs**: « faiseur de tours de passe-passe » [DA : 1694].

[79] **quitter sur la bonne bouche**: « au sens propre, garder le meilleur morceau pour la fin du repas ; au figuré, c'est réserver à quelqu'un ou un traitement plus agréable, ou une vengeance plus raffinée » [Nisard p. 171].

[80] **métaphysiquer**: « traiter un sujet métaphysiquement, d'une manière abstraite » [DA : 1762].

[81] **pays de papimanie**: Italie. Le néologisme moqueur remonte au *Tiers Livre de Rabelais* (v. note 104). « Hors d'icy caphards de par le diable hay. Estez vous encores la. Je renonce ma part de Papimanie, si je vous happe » [Prologue le *Tiers Livre*].

[82] **pierre à détacher**: « sorte de composition, dont la base est de la glaise, et qui sert à enlever les taches des habits » [DA : 1832].

[83] **un couple d'empiriques, l'un nommé Martin, l'autre Jean**: fondateurs du protestantisme. Martin Luther (1483–1546) et Jean Calvin (1509–1564). On considère généralement la doctrine de Calvin comme un développement de celle de Luther.

[84] **si les mouches l'incommodaient**: allusion au *Gargantua* de Rabelais : « Ponocrates mon amy ces mouches icy me aveuglent, baillez moy quelque rameau de ses saulles pour les chasser » [*Cf. Gargantua* ch. 34].

[85] **ange Gabriel**: « homme de Dieu » selon les traditions juive, chrétienne et musulmane, l'un des archanges, intermédiaire entre Dieu et les hommes. Le conte en vers Azolan, ou le bénéficier (1764) de Voltaire commence de la manière suivante : « À son aise dans son village Vivait un jeune musulman, Bien fait de corps, beau de visage, Et son nom était Azolan. Il avait transcrit l'Alcoran, Et par cœur il allait l'apprendre. Il fut, dès l'âge le plus tendre, Dévot à l'ange Gabriel. » Pour

l'islam, Gabriel est l'ange de la révélation, messager divin envoyé auprès de tous les prophètes depuis le temps d'Adam. C'est Gabriel qui intercéda en faveur de Mahomet, qui lui fit cette dictée divine qu'est le Coran. Voir Hadidi ; voir aussi Badir p. 125.

[86] **baron en Allemagne:** *Cf. Margot La Ravaudeuse.* « [...] on sait en quelle considération ces messieurs-là, et surtout des milords, sont auprès des filles du monde. Au seul mot de baron, tout acte d'hostilité cesse » (MR :19) Voir aussi le chapitre 1er de *Candide* ainsi que sa conclusion: « L'avis fut trouvé fort bon ; la vieille l'approuva ; on n'en dit rien à sa sœur ; la chose fut exécutée pour quelque argent, et on eut le plaisir d'attraper un jésuite, et de punir l'orgueil d'un baron allemand » (C : 254).

[87] **le cardinal son père:** *Cf.* chapitre 11 de *Candide* : « Je suis la fille du pape Urbain X et de la princesse de Palestrine » (C : 153).

[88] **Pierre de Provence:** figure légendaire du conte médiéval « Pierre de Provence et la Belle Maguelonne » qui narre l'amour parfait du jeune couple et leur établissement d'un hôpital au sud de Montpellier.

[89] **ce qu'il y a de constant, c'est que je gagnai un fort vilain mal, lequel j'ai fait circuler depuis dans le cours de mes voyages par esprit d'économie pour n'y pas revenir à plusieurs fois.** Voici sans doute l'origine de la célèbre généalogie de la syphilis dans *Candide* : « Pangloss répondit en ces termes : « O mon cher Candide ! vous avez connu Paquette, cette jolie suivante de notre auguste baronne ; j'ai goûté dans ses bras les délices du paradis, qui ont produit ces tourments d'enfer dont vous me voyez dévoré ; elle en était infectée, elle en est peut-être morte. Paquette tenait ce présent d'un cordelier très savant qui avait remonté à la source, car il l'avait eu d'une vieille comtesse, qui l'avait reçu d'un capitaine de cavalerie, qui le devait à une marquise, qui le tenait d'un page, qui l'avait reçu d'un jésuite qui, étant novice, l'avait eu en droite ligne d'un des compagnons de Christophe Colomb. Pour moi, je ne le donnerai à personne, car je me meurs » (C : 130-131).

[90] **sequin:** ancienne monnaie d'or de Venise qui avait cours en Italie et dans le Levant.

[91] **abbé Desfontaines:** Pierre-François Guyot Desfontaines (1685-1745). Journaliste, critique, et traducteur français—*Les Voyages de Gulliver* (1727), Joseph Andrews (1745)—connu aujourd'hui pour ses querelles avec Voltaire. L'abbé Desfontaines est considéré comme le fondateur de la nouvelle critique littéraire privilégiant la critique esthétique et morale des ouvrages.

[92] **architrave:** « la partie de l'entablement, laquelle pose immédiatement sur les colonnes, et au dessus de laquelle est la frise » [DA : 1694].

[93] **l'église de Saint-Pierre:** basilique Saint-Pierre du Vatican. Ce n'est pas la cathédrale du diocèse de Rome. En revanche, c'est l'église du pape.

[94] **colonnade du vieux Louvre:** en 1660, au début du règne de Louis XIV, Colbert entend faire du Louvre « le plus bel édifice du royaume ». C'est d'abord Louis le Vau qui est chargé de donner au Louvre un aspect baroque. Mais pour achever le

Louvre, Colbert repousse Le Vau et Mansart et fait appel à des Italiens. Le Bernin propose des dessins qui sont jugés trop italiens, trop baroques par Colbert. Est alors créé un cabinet de trois artistes : Le Vau, Le Brun et Perrot qui, en s'unissant, vont être à l'origine d'un projet original dans lequel on voit le point de départ du classicisme à la française. La réalisation en est achevée en 1670, si bien que le bâtiment est dans la suite considéré comme une référence.

[95] **Puget :** (1620-1694). L'une des figures principales de la sculpture, de la peinture, de l'art urbain et de l'architecture du règne de Louis XIV. Suivant l'exemple de ses modèles Michel Ange et le Bernin, Puget mena loin de Paris et de ses institutions la carrière de peintre. Il séjourna à Marseille, Toulon et surtout en Italie où il s'installa entre 1664 et 1667. Ses premiers travaux, notamment Atlantes, lui valurent d'obtenir la commande de l'Hercule gaulois. De retour d'Italie, il prit la tête des arsenaux royaux de Toulon et consacra l'essentiel de son activité à concevoir des proues de navire spectaculaires. Puget privilégie en tant que sculpteur le marbre blanc, matériau des Anciens. C'est dans cette pierre qu'il réalise pour Louis XIV, « Alexandre et Diogène », le plus grand relief de l'histoire de la sculpture française.

[96] **vétusté :** « ancienneté. Il ne se dit qu'en parlant des édifices que le laps de temps a fait dépérir » [DA : 1762].

[97] **marquer à son coin :** porter la trace d'un coin, autrement dit, de « certain morceau de fer trempé pour marquer de la monnaye, des médailles, de la vaisselle » [DA : 1798]. « Je ne connais point cet argent, lui répliqua le boulanger, il n'est point frappé au coin du roi qui règne aujourd'hui ; fais-moi part du trésor que tu es assez heureux sans doute pour avoir trouvé, je te promets le secret. Jemlikha prêt à s'impatienter, lui dit : cet argent est marqué au coin de Dakianos, le maître absolu de ce pays ; que puis-je te dire de plus ? » (Caylus, p. 54). La métaphore s'étend aux humains comme l'atteste l'expression « tous frappez à un mesme coing » citée par Cotgrave (1611).

[98] **médaille d'Othon :** empereur romain (32-69), deuxième successeur de Néron. Ce dernier était amoureux de son épouse Poppée et voulut l'épouser. Othon qui refusa de divorcer, fut éloigné de Rome et nommé gouverneur de Lusitanie (Espagne/Portugal). Le terme médaille d'Othon a sans doute une valeur proverbiale signifiant « ce qui est bon à prendre, et bon à rendre ». C'est le titre d'un ouvrage dramatique de Carmontelle (1717-1806). Pour le commerce des fausses médailles en Italie au XVIIe-XVIIIe siècles, voir Mission, *Nouveau Voyage d'Italie*, vol. 2 p. 52.

[99] **marquis de Mascarille :** personnage d'un valet de pied déguisé en « marquis » dans les *Précieuses ridicules* (1659) de Molière. Le personnage du marquis de Marscarille a inspiré cette remarque dans les *Lettres philosophiques* de Voltaire : « En France, est marquis qui veut ; et quiconque arrive à Paris du fond d'une province avec de l'argent à dépenser, et un nom en ac ou en ille, peut dire : Un homme comme moi, un homme de ma qualité, et mépriser souverainement un négociant », (Lettre X sur le commerce).

[100] **pays de Cocagne :** paradis terrestre, dans l'imaginaire européen, contrée miraculeuse dont la nature déborde de générosité pour ses habitants et ses hôtes. Loin des famines et des guerres, Cocagne est une terre de fêtes et de bombances

perpétuelles, d'inversion des valeurs et des lois naturelles, où l'on prône le jeu et la paresse, et où le travail est proscrit. Voir *L'Invitation au Voyage* de Baudelaire.

[101] **couci-couci**: «à peu près. Êtes-vous content? Couci-couci. Vous faites votre devoir couci-couci» [DA: 1832].

[102] **houssine**: «verge ou baguette de houx ou d'autre arbre, dont on se sert quelquefois pour faire aller un cheval» [DA: 1762].

[103] **pantoufle mirifique**: rappel de Rabelais. «Par ma foy dist Picrochole, je ne luy baiseray ja sa pantoufle» (*Gargantua* ch. 28).

[104] **maître François**: Rabelais (1483–1553). Médecin, auteur de *Gargantua*, *Pantagruel*, *Le Tiers Livre* etc. Dans sa jeunesse Voltaire le juge sévèrement: «on le (Rabelais) regarde comme le premier des bouffons; on est fâché qu'un homme qui avait tant d'esprit en ait fait un si misérable usage; c'est un philosophe ivre, qui n'a écrit que dans le temps de son ivresse», (Lettre sur Rabelais). À l'âge mûr, cependant, Voltaire commence à goûter Rabelais: «J'ai relu après *Clarisse* quelques chapitres de Rabelais, comme le combat de frère Jean des Entommeures, et la tenue du Conseil de Picrocole. Je les sais pourtant presque par cœur, mais je les ai relus avec un très grand plaisir, parce que c'est la peinture du monde la plus vive». Voltaire à Mme du Deffand 12 avril 1760 D 8846.

[105] **ses vénérables postères, voire même ses graves et chastes génitoires**: allusions au *Gargantua* et au *Tiers Livre* Rabelais. «Postères» signifient fesses: «Monsieur le postérieur mon ami, monsieur le postérieur, vous aurez sur vos postères» [*Gargantua* ch. 43]; «génitoires»: les organes génitaux.

[106] **mistoufle**: aujourd'hui «misère», comme l'atteste l'expression argotique «être dans la mistoufle». Monbron l'emploie pour désigner ironiquement «gant» au sens de «mitaine» ou «moufle».

[107] *ex cathedra*: «du haut de la chaire». Se dit des actes solennels du magistère extraordinaire accomplis par le pape.

[108] *le Spectateur*: Quotidien anglais (1711–12, 1714) fondé par Addison et Steele. Chaque «feuille» comptait à peu près 2 300 mots, la circulation étant d'environ 555 exemplaires.

[109] **vanitas... etc.** Lieu commun: vanitas vanitatum, et omnia vanitas. Tout n'est que vanité [*Ecclesiaste* I, 2].

[110] **les grands et les petits disparaissant avec elle, sont à jamais confondus dans la poussière, selon les paroles de Job**: «Souviens-toi que tu m'as façonné comme de l'argile; Voudrais-tu de nouveau me réduire en poussière?» (Job 10.9).

[111] **lac d'Averne**: un lac italien situé en Campanie, à quelques kilomètres au nord-ouest de Pouzzoles. Voir Mission, *Nouveau Voyage d'Italie*: «Le lac d'Averne, cet autre gouffre d'enfer, n'est qu'à un bon mille de lac Laucrin [...] Il est certain que les oiseaux volent et nagent sur les eaux de l'Averne, quoique Virgile, Lucrèce,

Silius, Italicus, Pline et quantité d'autres aient écrit qu'il s'en exhalait une vapeur mortelle qui faisait mourir ces animaux » (vol. II, p. 75).

[112] **antre de la Sybille de Cumes:** *Cf.* HT « Tout auprès est une caverne/ plus noire que le sombre Averne » p.9. Dans l'Antiquité, les sibylles étaient des grandes prêtresses, souvent hermaphrodites, auxquelles on attribuait des pouvoirs médiumniques, entre autres à cause de leurs particularités anatomiques considérées alors comme une intervention divine. Quant à la Sibylle de Cumes (près de Naples) la légende dit qu'Apollon lui avait offert ce qu'elle voudrait en échange de son amour. Elle accepta le cadeau et demanda autant d'années de vie qu'un tas de poussière contenait de grains ; et il y avait mille grains. Malheureusement, elle avait omis de demander aussi la jeunesse perpétuelle. Elle resta suspendue dans une bouteille au plafond de sa cave, toute recroquevillée, et lorsque des enfants lui demandaient ce qu'elle désirait, elle disait simplement : « je veux mourir ».

[113] **basane:** peau de mouton préparée, dont on se sert ordinairement à couvrir des livres. Signifie ici la peau.

[114] **voile imposant de la piété:** rappel des vers célèbres du *Tartuffe* (1664) de Molière : « Tant qu'elle a pu des cœurs attirer les hommages/ Elle a fort bien joui de tous ses avantages/ Mais voyant de ses yeux tous les brillants baisser/ A monde, qui la quitte, elle veut renoncer/Et du voile pompeux d'une haute sagesse/De ses attraits usés déguiser la faiblesse » v. 125-130.

[115] **énerver:** « affaiblir les nerfs par la débauche, ou par quelque autre cause » [DA : 1694].

[116] **tendron :** « bourgeon » ; « figurément, en parlant d'une jeune fille, on dit, que c'est un jeune tendron. Il est familier » [DA : 1762].

[117] **grotte de Pousolo:** c'est à l'entrée de la grotte de Pouzzoles qu'est situé le tombeau présumé de Virgile. Dans un texte Dumas père : « Pour faire diversion à nos promenades dans Naples, nous résolûmes, Jadin et moi, de tenter quelques excursions dans ses environs. Des fenêtres de notre hôtel nous apercevions le tombeau de Virgile et la grotte de Pouzzoles. Au delà de cette grotte, que Sénèque appelle une longue prison, était le monde inconnu des féeries antiques ; l'Averne, l'Achéron, le Styx ; puis, s'il faut en croire Properce, Baies, la cité de perdition, la ville luxurieuse, qui, plus sûrement et plus vite que toute autre ville, conduisait aux sombres et infernaux royaumes » [Le corricolo, 'le Tombeau de Virgile']. Voir Mission, *Nouveau Voyage d'Italie*, vol. 2 p. 68, aussi La Roche *Voyage Classique en Italie et Sicile*, p. 93.

[118] **la Zolfatara:** La Solfatara de Pouzzoles. Volcan des champs phlégréens, au nord de Naples. Les environs comprennent des sites historiques qui présentent un grand intérêt (l'Amphithéâtre Flavio, l'Acropole de Cumes, les Thermes de Baies, le Temple de Sérapis). Voir Mission, *Nouveau Voyage en Italie*, vol. 2 p. 67 ; aussi La Roche, *Voyage Classique en Italie et en Sicile*, « La Solfatara, sa crête jaunissante et sa pente qu'on dirait couverte de fleurs pâles et jaunes ». p. 97

[119] **il n'est pas concevable quelle abondance de soufre s'évapore incessamment en fumée de cette montagne. Je ne suis pas étonné que l'on craigne d'être quelque**

jour abîmé sous les ruines du pays, car il y a lieu de croire que l'agitation et le combat perpétuel des matières inflammables l'ont miné de toute part : *Cf.* chapitre 5 de *Candide*. « Ce tremblement de terre n'est pas une chose nouvelle, répondit Pangloss ; la ville de Lima éprouva les mêmes secousses en Amérique l'année passée ; mêmes causes, mêmes effets : il y a certainement une traînée de soufre sous terre depuis Lima jusqu'à Lisbonne », (C : 136).

[120] **la grotte del Cane** : grotte du chien. Située près de Pouzzoles, elle est célèbre par ses exhalaisons méphitiques. Voir Mission, *Nouveau Voyage d'Italie*, vol. 2 p. 63. aussi La Roche, *Voyage Classique en Italie et en Sicile*, p. 91.

[121] **esclave de Jean de Nivelle** : chien. Jean de Nivelle (1422–1477) quitta le parti de Louis XI pour s'attacher au duc de Bourgogne en 1454. Son père, Jean II de Montmorency le somma en vain de rentrer dans le devoir, le déshéritant et lui donnant l'épithète injurieuse de chien. *Cf.* HT : « Tel en second souvent excelle/ qui chef n'est qu'un Jean de Nivelle », p. 2.

[122] **nourrissons de saint Côme** : patron des médecins, protecteur des vérolés. *Cf.* MR : « carabins de saint Côme », p. 40 ; « Quand je me vis hors de la piscine de Mr. saint Côme […] » ; 42, 195. Chez Antoine Oudin on trouve l'expression « heurter à la boutique de saint Côme », ce qui signifie prendre la vérole, avoir besoin d'un chirurgien » [Brusegan, p. 57–66]. La même expression est attestée par Vadé : « poivrer : donner la vérole. […] « Va, poivrière de saint Côme, je me fiche de ton Jérôme ». Saint Côme fait l'objet de cultes phalliques, surtout en Italie, jusqu'au XVIIIe siècle. L'Anglais Richard Payne-Knight (*The Worship of Priapus* 1786) note que chaque année, au 17 septembre, on fête la saint Côme à Isernia. Elle est courue par des femmes. On y vend des ex-voto représentant le membre du corps souffrant pour lequel on est venu prier. Ceux qui sont les plus nombreux sont ceux qui représentent des phallus. En le déposant dans leur chapelle, elles disent « bon saint Côme, c'est comme cela que je le veux ». Merceron poursuit en notant que le culte de saint Côme est en relation directe avec celui de saint Coquilbaut. « On sait qu'au moyen âge saint Côme avait quelque chose à voir avec l'acte sexuel et les cultes phalliques. » Voir n. 188.

[123] **amiral Byng** : John Byng (1704–1757). *Cf.* chapitre 23 de *Candide*. « En causant ainsi ils abordèrent à Portsmouth ; une multitude de peuple couvrait le rivage, et regardait attentivement un assez gros homme qui était à genoux, les yeux bandés, sur le tillac d'un des vaisseaux de la flotte ; quatre soldats, postés vis-à-vis de cet homme, lui tirèrent chacun trois balles dans le crâne, le plus paisiblement du monde ; et toute l'assemblée s'en retourna extrêmement satisfaite. Qu'est-ce donc que tout ceci ? dit Candide ; et quel démon exerce partout son empire ? Il demanda qui était ce gros homme qu'on venait de tuer en cérémonie. « C'est un amiral, lui répondit-on. Et pourquoi tuer cet amiral ? C'est, lui dit-on, parce qu'il n'a pas fait tuer assez de monde ; il a livré un combat à un amiral français, et on a trouvé qu'il n'était pas assez près de lui. Mais, dit Candide, l'amiral français était aussi loin de l'amiral anglais que celui-ci l'était de l'autre ! Cela est incontestable, lui répliqua-t-on ; mais dans ce pays-ci il est bon de tuer de temps en temps un amiral pour encourager les autres (C : 223-24). Voir D 7213.

[124] **théâtre de Saint-Charles** : Teatro san Carlo. C'est le plus ancien théâtre en Europe. Bâti en 1737, il n'a jamais cessé de jouer des représentations, à l'exception de la période comprise entre 1874 et 1876. La construction du théâtre a été voulue

par le souverain Charles de Bourbon afin d'embellir Naples, déjà capitale de son royaume.

[125] **opéra de Paris**: le 28 juin 1669 Louis XIV accorde à Perrin par lettre patente, l'exclusivité de donner des opéras à Paris et dans tout le royaume. Voici un extrait du texte: «Louis, par la grâce de Dieu, Roy de France et de Navarre, à tous ceux qui ces présentes Lettres verront. Salut. Notre aimé et féal Pierre Perrin, Conseiller en nos Conseils, et Introducteur des Ambassadeurs près la Personne de feu notre très-cher et bien amé oncle, le duc d'Orléans, Nous a très-humblement fait remontrer, que depuis quelques années les Italiens ont établi diverses Académies, dans lesquelles il se fait des représentations en musique, qu'on nomme Opéra» (Noinville: 77–81). La première salle d'opéra dans la capitale est la salle d'Issy. Elle fut remplacée en 1671 par la Salle de la Bouteille, rue Mazarine. Celle-ci fut à son tour remplacée en 1672 par la salle du Bel-Air, rue de Vaugirard. Enfin, la salle du Palais-royal ouvre ses portes en 1673 et les ferme en 1764.

[126] **tintamarre**: «ce terme se dit de toute sorte de bruit éclatant, accompagné de confusion et de désordre» [DA:1762].

[127] **Mademoiselle Le Maure**: Catherine-Nicole Le Maure (1704–1786). Soprane française au tempérament capricieux, très goûtée du public de l'époque. Les *Mémoires de Bachaumont* laissent l'appréciation suivante de la cantatrice à la fin de sa carrière: «10 septembre 1762. Le grand rôle que Mlle Le Maure a joué sur la scène lyrique ne nous permet pas d'omettre une circonstance essentielle de sa vie. Cette sublime actrice, si connue par sa belle voix, sa laideur et ses caprices, vient de se marier à un jeune homme, chevalier de St. Louis, nommé M. de Monrose. Elle a plus de 50 ans».

[128] **Farinelli**: Carlo Broschi (1705–1782), surnommé Farinelli, chanteur né dans la ville d'Anria alors intégré au royaume de Naples. Cas unique dans l'histoire des castrats, (dont la plupart étaient issus de familles pauvres) le jeune Carlo était en effet fils d'un gentilhomme issu de la noblesse de robe. Salvatore Broschi, son père, était à ce point passionné de musique qu'il décida que ses deux fils en feraient leur profession; l'aîné, Riccardo, comme compositeur, et le cadet, comme chanteur. On peut donc penser que c'est ce père qui prit la décision de faire subir vers l'âge de neuf ou dix ans à son plus jeune fils la castration qui devait lui permettre de conserver sa voix de soprano, laquelle était déjà exceptionnelle. Pour le motif des castrats (voir n. 133).

[129] **Quinault**: poète dramatique (1635–1688). Disciple de Tristan l'Hermite, à 18 ans il écrivit les *Rivales* et les fit présenter par Tristan qui en assumait la paternité. Les comédiens ayant appris la vérité, refusèrent de payer le prix convenu et proposèrent au jeune auteur de le faire participer aux recettes. Quinault écrivit des poésies sacrées et a laissé trente pièces de théâtre, comédies, tragédies, opéras. Il créa la tragédie lyrique. Son chef-d'œuvre est une comédie, *La Mère Coquette*. Il faut citer parmi ses tragédies *Askate,* mais il est surtout célèbre par ses «opéras», genre nouveau: *Thésée, Alceste, Roland*, etc., que lui demanda le compositeur Lulli. «La Mère Coquette», pièce à la fois de caractère et d'intrigue, et même modèle d'intrigue; elle est de 1664; c'est la première comédie où l'on ait peint ceux que l'on a appelés depuis les marquis»,Voltaire, *Le Siècle de Louis XIV.*

[130] **Armide, Phaéton, Atys, Issé, l'Europe galante, les Éléments**: opéras-ballets des XVIIᵉ-début XVIIIᵉ siècles: Armide (Lully, 1686), Phaéton (Lully, 1683), Atys (Lully, 1676), Issé (Destouches, 1697), l'Europe galante (Campra, 1697), Les Éléments (Destouches, 1718).

[131] **Lully**: Giovanni Battista Lulli (1632-1687). Compositeur français d'origine italienne, surintendant de la musique sous Louis XIV. Par ses dons de musicien et d'organisateur aussi bien que de courtisan et d'intriguant, Lully domina toute la vie musicale en France à l'époque du Roi-Soleil. Il fut à l'origine de plusieurs formes qu'il organisa ou conçut: la tragédie lyrique, le grand motet, l'ouverture à la française. Son influence sur toute la musique européenne de son époque fut grande, et les compositeurs les plus doués (Henry Purcell, Georg Friedrich Haendel, Johann Sébastien Bach, Jean-Philippe Rameau) lui sont redevables à un titre ou un autre.

[132] **Rameau**: Jean-Philippe Rameau (1683-1764). Compositeur français et théoricien de la musique. L'œuvre lyrique de Rameau forme la plus grande partie de sa contribution musicale et marque l'apogée du classicisme français dont les canons s'opposèrent avec force à ceux de la musique italienne.

[133] **Handel**: Georg Friedrich Haendel (1685-1759). Compositeur d'origine allemande, naturalisé britannique, qui produisit dans à peu près tous les genres pratiqués des œuvres qui en représentent souvent le sommet, que ce soit en musique instrumentale ou vocale.

[134] **un de ces animaux que l'on a dégradés de la qualité d'homme**: castrat. *Cf.* chapitre 11 de *Candide*: « J'étais dans cet état de faiblesse et d'insensibilité, entre la mort et la vie, quand je me sentis pressée de quelque chose qui s'agitait sur mon corps; j'ouvris les yeux, je vis un homme blanc et de bonne mine qui soupirait, et qui disait entre ses dents: O che sciagura d'essere senza coglioni! [...] Je suis né à Naples, me dit-il; on y chaponne deux ou trois mille enfants tous les ans; les uns en meurent, les autres acquièrent une voix plus belle que celle des femmes, les autres vont gouverner des États. On me fit cette opération avec un très grand succès, et j'ai été musicien de la chapelle de Mme la princesse de Palestrine (C: 158). Voir aussi Mission, *Nouveau Voyage d'Italie*: « Il y a encore une chose dont ils sont charmés et que je crois ne vous plairait guère. Je veux parler de ces malheureux hommes qui se sont faits mutilés comme des lâches, afin d'avoir la voix plus belle. La sotte figure à mon avis qu'un pareil estropié. Qui vient tantôt faire le Rodomont, et tantôt le passionné pour les dames avec sa voix de fillette et son menton flétri: cela est-il supportable? », vol. 1 p. 242.

[135] **carnaval de Venise**: *Cf.* chapitres 25-27 dans *Candide*. «Candide, partagé entre la joie et la douleur, charmé d'avoir revu son agent fidèle, étonné de le voir esclave, plein de l'idée de retrouver sa maîtresse, le cœur agité, l'esprit bouleversé, se mit à table avec Martin, qui voyait de sang-froid toutes ces aventures, et avec six étrangers qui étaient venus passer le carnaval à Venise» (C: 238).

[136] **Lorette**: «petite et assez forte ville d'Italie, dans la marche d'Ancône, avec un évêché relevant du pape, et érigé par Sixte V en 1586. Malgré cet avantage, Lorette n'est qu'un pauvre lieu, peuplé seulement d'ecclésiastiques et de marchands de chapelets bénis; mais l'église et le palais épiscopal sont du dessein du célèbre Bramante; cependant l'église ne sert pour ainsi dire que d'étui à la chambre, où

selon la tradition vulgaire du pays, Jésus-Christ lui-même s'est incarné; et ce sont des anges qui ont transporté cette chambre, la casa santa, de la Palestine, dans la marche d'Ancone», *Encyclopédie*. Voir aussi Mission, *Nouveau Voyage d'Italie*: «On veut faire accroire à ceux mêmes qui sont sur le lieu que cette maison est bâtie de certaines pierres inconnues, pour persuader d'autant mieux qu'elles viennent de loin: mais cela n'est bon à dire qu'à des aveugles volontaires» vol. 1 p. 310.

[137] **saint Luc**: apôtre et Évangéliste. Dans la tradition catholique saint Luc est considéré comme le saint patron des artistes peintres et sculpteurs. Dans un autre registre, l'un des sobriquets sous lesquels Voltaire désignait Frédéric II est «Luc» anagramme de «c*l»: «V. est dans une correspondance suivie avec Luc, mais quelque ulcéré qu'il puisse être, et qu'il doive être contre Luc, puisqu'il est capable d'avoir étouffé son ressentiment au point de soutenir ce commerce, il l'étouffera bien mieux quand il s'agira de servir» D8598 Voltaire à d'Argental, 15 novembre 1759.

[138] **on rapporte que les Turcs, grands pourchasseurs de bijoux**: le mot «bijou» se prête à un double sens grivois. *Cf. Candide*. «Mais ce qui me surprit davantage, c'est qu'ils nous mirent à tous le doigt dans un endroit où nous autres femmes nous ne nous laissons mettre d'ordinaire que des canules. Cette cérémonie me paraissait bien étrange: voilà comme on juge de tout quand on n'est pas sorti de son pays. J'appris bientôt que c'était pour voir si nous n'avions pas caché là quelques diamants. C'est un usage établi de temps immémorial parmi les nations policées qui courent sur mer. J'ai su que messieurs les religieux chevaliers de Malte n'y manquent jamais quand ils prennent des Turcs et des Turques; c'est une loi du droit des gens à laquelle on n'a jamais dérogé» (C: 155).

[139] **berlue**: «sorte d'éblouissement passager. Il n'est que du style familier» [DA: 1762].

[140] **guenilles**: «haillon, chiffon. Il signifie encore au pluriel toute sorte de hardes vieilles et usées» [DA: 1694].

[141] **engeoler**: «surprendre, attirer, engager par des paroles flatteuses, tromper. Il est du style familier» [DA: 1762].

[142] **trié sur le volet**: au moyen âge, le «volet» était une voile qui servait de tamis pour trier les graines. Au XVe siècle, il se transforma en une assiette de bois dans laquelle on triait les pois et les fèves. «On dit proverbialement et figurément des personnes ou des choses qu'on a choisies avec soin, qu'elles sont triées, qu'on les a triées sur le volet.» [DA: 1762].

[143] **camuson**: «jeune femme camuse», c'est-à-dire, ayant le nez court et plat (Littré).

[144] **théâtre de Saint-Angelo**: Teatro Sant' Angelo. Salle de théâtre à Venise fondée en 1676, l'un des décors célèbres du carnaval au XVIIIe siècle. De nombreux opéra de Vivaldi, ainsi que les comédies de Goldoni y eurent leur première représentation. Pour les ridotti voir Mission, *Nouveau Voyage d'Italie*, vol. 1 p. 239.

145 **main en campagne**: expression non attestée mais signifiant, d'après le contexte, « une main baladeuse ».

146 **ladrone, ladrone**: « voleur, voleur ».

147 **bagnolette**: « espèce de coiffure de femme, chapeau : 'bagnolette', petite capeline nouée sous le menton » [DA : 1762].

148 **l'Ascension**: le 25 mai.

149 **équerre**: « instrument servant à tracer un angle droit dont se servent ordinairement les mathématiciens, les charpentiers les menuisiers, les maçons, etc. » [DA : 1762].

150 **burlesque**: « bouffon, facétieux, rempli de pensées, d'expressions, de termes propres à faire rire » [DA : 1762]. Pour la foire à Venise voir Mission, *Nouveau Voyage d'Italie*: « La Place de St-Marc se remplit de mille sortes de bateleurs » Vol. 1 p. 239 ; « Ceux que je trouve les plus plaisants de tous, ce sont certains faiseurs d'almanachs et diseurs de bonne aventure » Vol. 1 p. 245.

151 **orviétan**: « espèce de thériaque, de contrepoison. Le premier orviétan fut fait à Orviète, ville d'Italie » [DA : 1762]. « On appelle les charlatans qui vendent des drogues sur des tréteaux en place publique, des vendeurs d'orviétan » [Féraud : 1787-1788].

152 **ciseau d'Atropos**: les ciseaux étaient un attribut d'Atropos, l'une des parques chargées de couper le fil des jours : symbole de la possibilité d'une fin soudaine.

153 **topique**: « remède qui n'opère qu'étant appliqué sur la partie malade, ou sur celle qui y répond. Les emplâtres qu'on donne pour le mal de dents, sont des remèdes topiques » [DA : 1694].

154 **saint Antoine de Padoue**: (1195-1231) saint catholique (fête le 13 juin), docteur de l'Église, surnommé aussi le « Thaumaturge ».

154a **le commentateur de Misson**: François Maximilien Misson (1650?-1722). Huguenot réfugié en Angleterre, Misson obtient le poste de tuteur dans une famille aristocratique anglaise qu'il accompagne lors d'une tournée de formation sur le continent. Il publie en 1691 son Nouveau Voyage d'Italie, l'un des grands succès du XVIIIe siècle.

155 **j'ai eu souvent occasion de fréquenter de nobles Vénitiens**: *Cf.* le noble Vénitien Pococurante dans *Candide*. « On parle, dit Candide, du sénateur Pococurante, qui demeure dans ce beau palais sur la Brenta, et qui reçoit assez bien les étrangers. On prétend que c'est un homme qui n'a jamais eu de chagrin. — Je voudrais voir une espèce si rare, dit Martin. Candide aussitôt fit demander au seigneur Pococurante la permission de venir le voir le lendemain » (C: 230) ; voir aussi Du Mont : Honêteté des nobles Vénitiens pour les étrangers : « on m'en avait donné (des nobles Vénitiens) une idée si extraordinaire que je les croyais les hommes du monde les plus orgueilleux et les plus brutaux […] Cependant j'ai

trouvé tout le contraire de cela— rien de plus civil que les nobles Vénitiens », t. 1 p. 208-209.

[156] **insolence des gondoliers :** voir Misson, *Nouveau Voyage d'Italie* : « Quand on est tout prêt à commencer, soit à la Comédie, soit à l'Opéra, on ouvre la porte à messieurs les gondoliers qui sont un corps considérable à Venise […] Leur office en cette occasion est de frapper des mains et de crier comme des désespérés ». vol. 1 p. 243.

[157] **privé commun :** « un privé, et retrait, latrina », Nicot (1606) ; « retrait, l'endroit de la maison destiné pour y aller faire ses nécessités » [DA : 1762].

[158] **salope :** « qui est sale et malpropre » [DA : 1762].

[159] **moissonner des myrtes :** séduire, s'adonner à la séduction. « Les anciens païens tenaient que le myrte était consacré à Venus ; et le myrte est encore pris aujourd'hui pour le symbole de l'amour » [DA : 1694]. « L'Amour qui prépare ma couronne, hésite lui-même entre le myrte et le laurier, ou plutôt il les réunira pour honorer mon triomphe », voir La Clos, *Les Liaisons dangereuses* lettre iv.

[160] **muguet :** « qui affecte d'être propre, paré, mignon auprès des dames. Il se dit proprement d'un homme qui fait le galant, le muguet auprès des dames » [DA : 1762] ; « Il s'enquêta qui était ce jeune muguet, et l'on lui apprit, que c'était le clerc de Monsieur, qui de palefrenier était venu en ce degré, où il ne s'oubliait pas à jouer de la harpe » (Sorel III : 309).

[161] **un faible crayon :** « se dit figurément des ouvrages d'esprit. Cette pièce n'est pas achevée, ce n'est encore qu'un crayon, qu'un premier crayon, qu'un léger crayon, qu'un crayon imparfait, qu'un faible crayon » [DA : 1762].

[162] **spose monache :** épouses du voile.

[163] **à pas d'ambassadeurs :** marcher à pas comptés, marcher gravement et lentement. « Un valet le portait, marchant à pas comptés, Comme un recteur suivi des quatre facultés », Boileau, *Satires* III. On dit dans le même sens : marcher à pas d'ambassadeur, et, par plaisanterie, à pas d'oie : « Les nobles fondateurs de Troie Marchant gravement à pas d'oie », Scarron, *Virgile travesti*, chant VI.

[164] **une cérémonie aussi barbare :** *Cf. La Religieuse* (1760-1781) de Diderot.

[165] **Florentins, jaloux et vindicatifs.** Voir Jean-Baptiste Labat, *Nouveau Voyage de Grèce d'Égypte* : « Le Florentin est naturellement méprisant, fort médisant, avare et grand parasite. Les dames aussi contraintes dans cette ville qu'elles le sont dans toute l'Italie, y sont galantes et fort légères. Elles se mettent mal et marchent de même ». p. 24

[166] **sigisbées :** « emprunté de l'italien. Il se dit d'un homme qui fréquente régulièrement une maison, qui rend des soins assidus à la maîtresse, et qui est à ses ordres. On l'appelle aussi cavalier servant » [DA : 1762]. Voir Jean-Baptiste Labat, *Voyage en Espagne et en Italie* : « On appelle, à Gênes, sigisbées, de jeunes cavaliers,

et même d'assez âgées, qui tiennent auprès des dames le rang d'ami. De confidente et quelques fois amant ». p. 111.

[167] **Horace**: poète latin (65-8 av. J-C.).

[168] **La tour penchée de Pise** (*totorre pendente di Pisa* en italien). Campanile (clocher) de style roman construit pour les cloches de la cathédrale dont la construction débuta en 1173.

[169] **le camposanto monumentale** est le vieux cimetière monumental de Pise. Il remonte au début du XIIIe siècle, quand l'archevêque de Pise rapporte, lors de son retour de la Deuxième Croisade en 1203, de la terre sainte prélevée au mont Golgotha. Une légende raconte que les corps inhumés dans cette terre devenaient des squelettes au bout de vingt quatre heures. Le cimetière est situé sur les ruines du baptistère de l'ancienne église Santa Reparata qui se trouvait, elle-même, à l'emplacement de l'actuelle cathédrale

[170] **collet monté**: « sorte de grand collet qui se portait autrefois, et qui était extrêmement roide et empesé. De là vient qu'on appelle, Une personne qui a l'air et les manières du vieux temps, ou qui a quelque chose de guindé et de contraint » [DA: 1694].

[171] **les dames génoises**. Voir *Nouveau Voyage de Grèce, d'Égypte* etc.: « Les dames y sont galantes et fidèles comme elles le sont partout ; elles ont chacune leur cigisbé, comme qui dirait un ami ne les quitte pour peu qu'elles soient de son goût ; le mari ne s'en doit point offenser, puisque c'est une coûtume pratiquée depuis longtemps dans cette ville qui est une des mieux policées de l'Europe » p. 12-13.

[172] **menins**: « ce mot nous vient d'Espagne. C'est le nom qu'on donne à un certain nombre d'hommes de qualité, attachés particulièrement à la personne de M. le Dauphin » [Féraud: 1787-1788].

[173] **monsieur de Valori**: Louis, marquis de Valori (1692-1774). Militaire, puis, à partir de 1739, envoyé extraordinaire près le roi de Prusse Frédéric Guillaume 1er. Il entretint d'excellentes relations avec le prince héritier, le futur Frédéric II. Il resta en Prusse jusqu'en 1749.

[174] **monsieur d'Argens**: Jean-Baptiste de Boyer, marquis d'Argens (1704-1771), écrivain français qui attira l'attention du roi de Prusse par ses attaques contre le christianisme. Ce prince l'appela à sa cour, en fit son chambellan avec 6 000 francs de traitement, et le nomma directeur général de son Académie. D'Argens avait une instruction vaste et variée, et ses écrits sont inspirés par la philosophie sceptique de l'époque. *Cf.* MR p. 147.

[175] **Trivelin**: l'un des types les plus célèbres de la commedia dell'arte. Se rapprochant tout à la fois d'Arlequin, de Scapin, de Brighella, de Mezzetin, Trivelin représente un valet astucieux, intrigant, spirituel et rusé. Marivaux le met en scène dans sa *Fausse Suivante* (1724) et dans son *Île aux esclaves* (1725).

[176] **clabauder**: «aboyer fréquemment. Il ne se dit au propre que d'un chien de chasse qui aboie ordinairement sans être sur les voies de la bête. Crier, faire du bruit mal-à-propos et sans sujet» [DA : 1762].

[177] **les Cochois** : allusion calomnieuse à la danseuse Marianne Cochois et à sa sœur, l'actrice Barbe. Toutes deux firent carrière à Berlin, la première à compter de 1741. La deuxième y fut emmenée d'Utrecht (1745) par d'Argens (v. n. 174) qui l'épousa en en 1749. Voltaire, qui s'était brouillé avec ce dernier, mentionne son épouse dans ses *Mémoires* en disant qu'elle «était une mauvaise comédienne de province, si laide qu'elle ne pouvait rien gagner à aucun métier, quoi qu'elle en fît plusieurs».

[178] **records**: «sont dits les témoins qui sont pris par un huissier ou sergent pour assister à son exploit, et le certifier et en faire foi. [...] Ainsi appelez, par ce qu'anciennement quand on appelait aucuns à être témoins de quelque exploit ou acte, on leur tenait tel langage :» [Nicot, 1606].

[179] **tout a l'air guerrier et militaire à Berlin**. «On s'imaginerait, à y voir tant de héros, que c'est moins une cour que la résidence de Mars.» *Cf.* les chapitres 2 et 3 de *Candide*: «C'en est assez, lui dit-on, vous voilà l'appui, le soutien, le défenseur, le héros des Bulgares ; votre fortune est faite, et votre gloire est assurée» (C : 123).

[180] **princesse de Saxe**: Marie-Josèphe de Saxe (1731–1767). Fille d'Auguste III de Pologne et de Marie-Josèphe de Habsbourg, elle épouse le Dauphin de France, fils de Louis XV, en 1747. Mère des trois derniers rois de France, Marie-Josèphe éprouva un grand chagrin à la mort de son époux et le suivit dans la tombe le 13 mars 1767.

[181]**madame Première**: Louise-Élisabeth de France (1727–1759) épousa en 1739 (alors qu'elle n'avait que 12 ans) le troisième Infant d'Espagne, don Philippe, fils de Philippe V et d'Élisabeth Farnèse. Notre texte fait allusion au fameux bal du salon d'Hercule à Versailles, où l'on refusa du monde, et où le duc de La Trémoille mena avec la duchesse de Luxembourg le menuet de la mariée.

[182] **salon d'Hercule**: le salon d'Hercule occupe l'emplacement de la troisième chapelle du château du château de Versailles, construite en 1682 et démolie en 1710 après l'inauguration de la nouvelle Chapelle royale. Le plancher, construit au niveau des anciennes tribunes, donne directement accès à l'aile du Nord. Robert de Cotte, qui avait pris la succession de son beau-père Jules Hardouin-Mansart et avait achevé les travaux de la nouvelle chapelle, se verra naturellement confié la décoration du salon, à partir de 1712. Les travaux seront interrompus à la mort de Louis XIV, en 1715, pendant une durée de 14 années. Ils seront repris en 1729 et achevés en 1736.

[183]**Le Moyne**: François Le Moyne (1688–1737) peintre français, professeur à l'Académie et premier peintre du Roi (1736). Le Moyne travailla à divers monuments de Versailles. La perte de sa femme et d'autres malheurs menèrent à une sorte de folie. Il se suicida se frappant de neuf coups d'épée.

[184] **monsieur le duc de la Trémouille**: Charles-Armand de La Trémouille (1708-1741). Militaire français, premier gentilhomme de la Chambre du roi, chevalier de l'ordre du Saint-Esprit le 14 mai 1726.

[185] **queue de comètes**: « extrémité d'un manteau, et d'une robe d'homme ou de femme, qui traine par derrière » [DA : 1694].

[186] **Maréchal de Noailles**: Adrien-Michel, duc de Noailles (1678-1766), maréchal de France.

[187] **madame de La Martellière**: (Claude Louise de Lory 1706-1742) beauté du règne de Louis XV, femme d'un conseiller, secrétaire du roi et de ses finances; maîtresse du duc de Richelieu. Les mémorialistes du temps en célèbre la beauté : « Madame de La Martellière, femme d'un maître des comptes, grande, bien faite et d'une figure très-aimable, devait passer et repasser par les mains de M. de Richelieu, pour qui elle se sentit bien du penchant, sans en être aimée » (Bois Jourdain : 448). Ils prétendent que son fils, Claude-Jacques, avait Richelieu pour père. Voir Cole : 288.

[188] **la Duchapt**: fameuse marchande de modes et couturière qui avait dans les années 1740 sa boutique près de l'Opéra au Palais-royal. Voltaire la mentionne à deux reprises dans sa *Correspondance*, et notamment le 23 septembre 1752 dans une lettre à Mme du Deffand. L'engouement de l'aristocratie européenne pour les nippes de la « Duchappe » est désormais chez lui synonyme de la frivolité des Français sous Louis XV. Dans le *Discours aux Welches* (1764) : « Ô premier peuple du monde ! quand serez-vous raisonnable ? Vous êtes obligé de convenir de tout ce que j'ai l'honneur de vous dire. Vous me répondez que toutes vos sottises n'empêchent pas que Mlle Duchapt ne vende ses ajustements de femmes dans tout le Nord, et qu'on ne parle votre langue à Copenhague, à Stockholm, et à Moscou. Je n'entrerai point dans l'importance du premier de ces avantages ; le second seul est le sujet de mon discours ». Il est curieux de noter que Rousseau en parle aussi au livre VII de ses *Confessions*.

[189] **mariage de monsieur le Dauphin**: mariage de Louis, fils aîné de Louis XV, et de Marie Josèphe de Saxe (1731-1767), mère de Louis XVI, Louis XVIII et Charles X. La princesse avait seize ans lors de ce mariage, célébré le 10 janvier 1747

[190] **chevalier de Mouhy**: Charles de Fieux, (1701- 1784) littérateur. Laid, peu fortuné, il fit toutes sortes de métiers pour vivre, quelques-uns peu avouables. À partir de 1736 Voltaire l'utilisa quelquefois, à deux cents livres par an, pour suivre les procès, être chef de sa claque au théâtre et lui rapporter des potins. Mouhy dirigea quelque temps la *Gazette de France*. Il a écrit quantité de romans « ennuyeux » au dire de Palissot. On lui doit toutefois *La Mouche ou les Aventures et espiègleries facétieuses de Bigand* (1736-38). *Cf. MR*: 147.

[191] **comte de Bruhl**: Heinrich von Brühl (1700-1763), favori d'Auguste II, puis d'Auguste III, roi de Pologne, électeur des Saxe dont il fut le premier ministre en 1746.

[192] **la Voûte Verte**: Grünes Gewölbe. Joyau en marbre, dorures et argenteries du château résidentiel de Dresde initié par le prince-électeur Auguste II (1670-1733).

Le prince, roi de Pologne et de Lituanie, avait amassé des milliers de pièces de collection allant d'une armoire en ambre à des coupes en nacre argentée en passant par des pièces précieuses présentées sur des statuettes de Maures.

¹⁹³ **Maison d'[de] Hollande**: das Holländische Palais, construit pour le comte Flemming en 1715, devenue plais royal en 1717 et où on y exposait une collection de porcelaines précieuses.

¹⁹⁴ **la Faustine**: Faustina Bordoni (1700-1781) soprano italienne célèbre dans toute l'Europe des Lumières, « la Bordoni » était universellement reconnue comme l'une des plus grandes chanteuses de son temps. C'était l'époque où les grands castrats dominaient le monde de l'opéra, mais Faustina était aussi adulée qu'eux. Les chroniqueurs louaient la souplesse et l'éclat de sa voix, son intonation parfaite, son extraordinaire contrôle de la respiration, son intelligence musicale. De plus, à son aptitude extraordinaire pour le chant, elle alliait un grand talent de comédienne.

¹⁹⁵ **piscine de saint Côme**: traitement pour les maladies vénériennes, le patient est d'abord plongé dans une étuve d'eau chaude avant d'être frictionné avec une pommade à base de mercure. *Cf.* MR: « Après avoir été dûment préparée, c'est-à-dire, saignée, purgée et baignée, je fus ointe de cette graisse efficace où sont enveloppés mille petits corps globuleux (mercure) qui, par leur action et leur pesanteur, devisent et raréfient la lymphe et lui rendent la fluidité naturelle » p. 40. Voir n. 121.

¹⁹⁶ **Fête-Dieu**: la fête du Saint-Sacrement ou du Corpus Christi est une fête religieuse célébrée le jeudi qui suit la Trinité, c'est-à-dire soixante jours après Pâques.

¹⁹⁷ **pantalonnades**: « danse de Pantalon; danse accompagnée de postures, telles qu'en fait un Pantalon, un farceur. On appelle aussi pantalonnade, toutes sortes de bouffonneries, accompagnées de postures badines » [DA: 1762].

¹⁹⁸ **bandoulier**: « voleur de grands chemins, ou de montagnes » [DA: 1694].

¹⁹⁹ **la Carlier**: célèbre maquerelle. « La Carlier demeure à la Barrière Blanche, rue de Clichy; elle y tient magasin de filles, beaucoup de monde y va » (Archives de la Bastille, 10.253. Rapport de Meusnier, dossier Carlier). « Madame Paris […] a vendu son fonds de filles et cédé sa maison au bout du Cours, à une femme nommée madame Carlier, qui est apparemment autorisée », [Barbier V 159] février 1752. Il s'agit du milieu des « abbesses de Cythère » dépeint par Fougeret dans *Margot la Ravaudeuse*.

²⁰⁰ **bec à corbin**: espèce de hallebarde que portent certaines compagnies des gardes du Roy, qui ne servent que dans les grandes cérémonies » [DA: 1762].

²⁰¹ **perruque à répétition**: terme non attesté, mais devant par métonymie désigner les gens de certaine profession (tels les magistrats) *Cf.* MR p. 26-27. L'*Encyclopédie* parle de différents types de perruques dont: « la perruque à bourse, la plus moderne, la perruque à la Régence, la perruque à oreilles, la perruque à bourte, etc. »

[202] **tête à l'évent**: « on dit figurément et familièrement, avoir la tête à l'évent, pour dire, avoir l'esprit léger, être évaporé. Et on appelle tête à l'évent, un homme étourdi et d'un esprit léger » [DA : 1762].

[203] **aussi devins-je en moins de rien une excellente écolière**: *Cf.* MR p. 41. Écho curieux de *L'Enfant trouvé*, traduction contemporaine (1750) du *Tom Jones* de l'Anglais Fielding. On y rencontre la fameuse Jenny Jones, l'un des modèles de Cunégonde. « Le lecteur se ressouviendra sans doute d'avoir été informé que Jenny Jones avait passé quelques années chez un maître d'école qui s'était plu à lui enseigner le latin et qui enfin en avait fait une écolière plus savante que son maître même. Il est vrai que cet homme, quoique d'une profession où la science paraît être nécessaire, était en effet très ignorant » (ET I 53). On se souviendra qu'au chapitre 1er de *Candide* Cunégonde a « beaucoup de disposition pour les sciences » (C : 120).

[204] **catalogue**: « liste, dénombrement » [DA : 1694].

[205] **nos myrtes au bout de trois semaines furent convertis en cyprès**: périphrase pour dire que nos amours se sont transformées en deuil. « Les anciens mettaient des branches de cyprès sur les tombeaux, et de là vient qu'en poésie cyprès se prend quelquefois pour le symbole de la mort » [DA : 1694]. Écho de *Clitandre* (1632) de P. Corneille : « Et je saurai changer ses myrtes en cyprès » v. 1280.

[206] **un commissaire du Saint-Office vint essuyer mes larmes. Le grand inquisiteur m'aperçut un jour à la messe**. Un motif similaire s'intègre à l'histoire de Cunégonde au chapitre 7 : « [le grand inquisiteur] me lorgna beaucoup, et me fit dire qu'il avait à me parler pour des affaires secrètes. Je fus conduite à son palais ; je lui appris ma naissance ; il me représenta combien il était au-dessous de mon rang d'appartenir à un israélite » (C : 145).

[207] **lorsque nous savons quelqu'un en argent, nous lui faisons adroitement insinuer qu'on l'accuse au Saint-Office de judaïser en secret**. Le motif de l'intimidation des Juifs par l'Inquisition s'intègre à deux reprises aux chapitres 6 et 8 de *Candide*. On soupçonne les « deux Portugais qui en mangeant un poulet en avaient arraché le lard » (C : 138) d'être Israélites. Plus loin, l'Inquisiteur menace don Isacaar, qui entretient la belle Cunégonde, d'un auto-da-fé : « On proposa de sa part à don Issachar de me céder à monseigneur. Don Issachar, qui est le banquier de la cour, et homme de crédit, n'en voulut rien faire. L'inquisiteur le menaça d'un auto-da-fé. Enfin mon juif, intimidé, conclut un marché par lequel la maison et moi leur appartiendraient à tous deux en commun ; que le juif aurait pour lui les lundis, mercredis et le jour du sabbat, et que l'inquisiteur aurait les autres jours de la semaine » (C : 145).

[208] **décorer d'un panache**: « assemblage de plumes d'autruche dont on ombrage un casque » [DA : 1762]. L'intention ici est ironique.

[209] **Notre Dame** del pilar: La Basilique de Nuestra Señora des Lipar (Notre Dame de la colonne) est située à Saragosse, capitale d'Aragon en Espagne. On y conserve et vénère la colonne (pilar en castillan) sur laquelle la Vierge Marie serait apparue à l'apôtre saint Jacques en 40 après J.-C.

²¹⁰ **on se souviendra toujours avec autant d'horreur que d'indignation, des actes cruels et féroces qu'ils ont exercés dans la conquête du nouveau monde.** Voltaire ironise sur la conquête (surtout espagnole) du nouveau monde au chapitre 18 de *Candide* : « nous avons toujours été jusqu'à présent à l'abri de la rapacité des nations de l'Europe, qui ont une fureur inconcevable pour les cailloux et pour la fange de notre terre, et qui, pour en avoir, nous tueraient tous jusqu'au dernier » (C : 188).

²¹¹ **les femmes du pays ne sortent guère que pour aller à l'église, mais il y a tant de cérémonies pieuses, tant de fêtes, de processions, de sermons, qu'elles ont des prétextes continuels d'être dehors.** Scène annonçant la présence de Cunégonde à l'auto-da-fé au chapitre 8 de *Candide* : « Enfin, pour détourner le fléau des tremblements de terre, et pour intimider don Issachar, il plut à monseigneur l'inquisiteur de célébrer un auto-da-fé. Il me fit l'honneur de m'y inviter. Je fus très bien placée ; on servit aux dames des rafraîchissements entre la messe et l'exécution » (C : 146).

²¹² **mal en patience** : deuxième occurrence de cette expression qui affleure aussi dans *Candide*.

²¹³ **monsieur de Chavigny** : Théodore Chevignard (1687-1771) baron d'Uchon et de Chavigny, ambassadeur à Berlin et en Bavière. Ambassadeur à Lisbonne de 1740-1745.

²¹⁴ **monsieur Keene** : Sir Benjamin Keene (1697-1757), plénipotentiaire anglais au Portugal de 1744 à 1749. « Ferdinand VI, prince indolent, vaporeux, s'était laisser gouverner par sa femme, Barbe de Portugal, qui ne lui était guère supérieure ; elle s'était laisser dirigée par Farinelli, le chanteur, ou par l'Ambassadeur d'Angleterre, sir Benjamin Keene, homme de beaucoup de talent et qui savait tirer parti des faiblesses de la reine, et de son amour pour l'argent » (Sismondi, p.164).

²¹⁵ **le jour de saint Louis** : saint Louis, roi de France : le 25 août.

²¹⁶ **au bout d'un mois de navigation, le mauvais temps nous ayant obligés de relâcher à Portsmouth** : *Cf.* Candide, chapitre 23. « En causant ainsi ils abordèrent à Portsmouth ; une multitude de peuple couvrait le rivage, et regardait attentivement un assez gros homme qui était à genoux, les yeux bandés, sur le tillac d'un des vaisseaux de la flotte ; quatre soldats, postés vis-à-vis de cet homme, lui tirèrent chacun trois balles dans le crâne, le plus paisiblement du monde ; et toute l'assemblée s'en retourna extrêmement satisfaite (C : 223-34).

²¹⁷ **avec cette différence seulement que nous sommes des fous gais et joyeux, et qu'ils sont des fous sérieux et tristes** : « Vous connaissez l'Angleterre ; y est-on aussi fou qu'en France ? C'est une autre espèce de folie, dit Martin (C : 223).

²¹⁸ **rétablir la paix** : 18 octobre 1748, date où fut ratifié le traité d'Aix-la-Chapelle, qui mit fin à la guerre de la succession d'Autriche (1740-1748)

²¹⁹ **le commissaire Rochebrune** : Philippe Miché de Rochebrune. Fameux commissaire qui perquisitionne chez Diderot le 24 juin 1749 à Paris à la recherche d'éventuels manuscrits sulfureux inédits, et le conduit au donjon de Vincennes, suite à la publication notamment de sa « Lettre sur les aveugles ».

[220] **For-l'Évêque**: petite prison située entre le quai de la Mégisserie et la rue Saint-Germain-l'Auxerrois. Prison royale de 1674 à 1783. Fougeret entra au For-l'Évêque le 7 novembre 1748 et en sortit le 5 décembre. Voir Funck-Brentano, *La Bastille des comédiens, le For l'Évêque*.

[221] **Margot la Ravaudeuse**: roman érotique de notre auteur publié en 1750, réimprimé sous le titre de *Fanchette, danseuse de l'Opéra*. Simple ravaudeuse de Paris. Margot, devenue courtisane, raconte sa vie de femme galante et tisse avec humour et ironie les portraits de ses nombreuses rencontres.

[222] **l'abbé d'Allainval** : (1700-1753). Littérateur, auteur dramatique, (l'*Embarras des richesses* 1725), (l'*École des Bourgeois* 1728) Petit de Julleville, vol. IV, p. 579. L'abbé d'Allainval fut aussi un historien à qui l'on doit les *Anecdotes de Russie sous Pierre 1er* (1745).

[223] **prostibule**: «lieu de prostitution» [DA: 1762]. Nicolas ou Blaise Berryer: Nicolas René Berryer, comte de La Ferrière (1703-1762), magistrat et homme politique français. Ami de Madame de Pompadour, celle-ci le fit nommer lieutenant général de police lorsqu'elle devint la maîtresse en titre de Louis XV. Il occupa cette fonction de mai 1747 à octobre 1757.

[224] **le chevalier Robert Walpool**: Sir Robert Walpole (1676-1745), homme d'État britannique, partisan des Whigs et considéré comme le premier premier ministre de Grande-Bretagne (1721-1742). On attribue à Walpole la sentence que traduit notre texte: «every man has his price».

[225] **cureur de gadoue**: qui a la charge de nettoyer les égouts. Le *Dictionnaire de l'Académie* donne la définition suivante du mot gadoue: «matière fécale qu'on tire des fosses pour la mettre dans des tonneaux et la transporter. Gadouard: celui qui tire la gadoue et la transporte» [DA: 1694].

[226] **monsieur de Maurepas**: Jean-Frédéric Phélypeaux, comte de Maurepas (1701-1781), homme politique français sous Louis XV. Secrétaire d'État à la Marine et à la Maison du Roi (1718-1749). Ayant eu l'imprudence de lancer une épigramme contre Mme de Pompadour, il fut disgracié en 1749, et ne réintègre le conseil d'État qu'à l'avènement de Louis XVI (1774-1781).

[227] **vesperie**: «réprimande. Son père lui a fait une rude vesperie» [DA: 1694]; monsieur du Harlay: Achille de Harlay (1536-1619), magistrat, premier président du parlement de Paris.

[228] **contemni et contemnere**: Tite-Live, *Ad Urbe Condita* [4,46] (XLVI), «contemnere in unicem contemni» : chacun d'eux dédaignait l'autre et en était dédaigné.

Bibliographie sélective

Ouvrages de référence :

Année littéraire, éd. par É.-C. Fréron (1754-1775), 292 tomes (Paris : Michel Lambert, 1754-1762) ; (Paris : C.-J. Pankoucke, 1763-1766) ; (Amsterdam : Fréron 1754-1791).

Barbier, A., *Dictionnaire des ouvrages anonymes et pseudonymes*, 4 vols, 3ᵉ édition (Paris : Bibliothèque impériale, 1872).

Bengesco, G., Voltaire : *Bibliographie de ses œuvres*, 4 tomes (Paris : Rouveyre et Blond, 1882-90).

Bibliothèque de Voltaire : catalogue des livres (Moscou-Leningrad : Éditions de l'Académie des Sciences de l'URSS, 1961).

Bidler, R., *Dictionnaire érotique : ancien français, moyen français, renaissance* (Montréal : CERES, 2002).

Colin, Mevel, Leclere, *Dictionnaire de l'argot* (Paris : Larousse, 1990).

Cotgrave, R., *Dictionarie of the French and English Toungues* (Londres : Adam Islip, 1611).

Delveau, A, *Dictionnaire de la langue verte. Argots parisiens comparés* (Paris : E. Dentu, 1866).

D'Hautel, *Dictionnaire du bas-langage ou des manières de parler usitées parmi le peuple* (Paris : D'Hautel et Schoell, 1808).

Dictionnaire de biographie française, sous la direction de Prévost d'Amat Letouzey et Ané (Paris : Letouzey et Ané 1933).

Dictionnaire de l'Académie (1ᵉʳᵉ édition 1694), (5ᵉ édition, 1798), (6ᵉ édition, 1835).

Dictionnaire des lettres françaises, XVIIIᵉ siècle (Paris : Larousse, 1860).

Dictionnaire universel du XIXᵉ siècle (Paris : Larousse, 1866).

Dictionnaire Voltaire, sous la direction de Jacques Lemaire (Bruxelles : Hachette, 1994).

Encyclopédie, ou dictionnaire raisonné des sciences, des arts, et des métiers, 1751-1780 (réimprimé Stuttgart-Bad Cannstatt : Friedrich Fromann, 1967).

Farmer, J., *Vocabula Amatoria / French-English Dictionary of Erotica*, 1896 (réimprimée New York : University Books, 1966).

Féraud, F., *Dictionnaire critique de la langue française* (Marseille: Mossy, 1787-1788).

Furetière, A., *Dictionnaire universelle*, 1690 (réimprimé SNL-Le Robert, 1978).

Godefroy, *Dictionnaire de l'ancienne langue française*, 1880-1902; (nouveau tirage, Paris: Librairie des Sciences et des Arts, 1937).

Hoeffer, J.C.F., *Nouvelle biographie universelle*, 46 tomes (Paris: Firmin Didot, 1852), réimprimée 1964.

Huguet, E., *Dictionnaire de la langue française du seizième siècle* (Paris: Champion, 1925).

Journal de Trévoux, [*Mémoires pour l'histoire des sciences et des beaux arts, ou, Mémoire pour servir à l'histoire des sciences et des arts*] éd., Tournemine, Brumoy, Berthier, *et. al.* 265 tomes (Trévoux et Paris: Imprimerie de S.A.S, 1701-1767).

Laporte, Joseph de, *Anecdotes dramatiques*, 3 vols (Paris: Duchesne, 1775).

Marc, A., *Dictionnaire des romans anciens et modernes, ou méthode pour lire les romans d'après leur classement par ordre et matière* (Paris: Marc et Pigoreau, 1819).

Le Roux, *Dictionnaire comique, satirique, critique, burlesque, libre et proverbial* (Amsterdam: Michel-Charles Le Cène, 1718); nouvelle édition, revue, corrigée et considérablement augmentée (Lyon: héritiers de Berinos Fratres, 1735); réédité en 1750, 1752, 1756, 1786 et 1808.

Nicot, Jean, *Thresor de la langue françoise tant ancienne que moderne* (Paris: David Douceur, 1606), réimprimé Paris: Picard, 1960.

Panckoucke, *Dictionnaire des proverbes français et des façons de parler comiques, burlesques et familières, avec l'explication et les étymologies les plus avérées* (Paris: Savoye, 1748).

Prévost, abbé, *Manuel Lexique, ou dictionnaire portatif des mots français dont la signification n'est pas familière à tout le monde* (Paris: Didot, 1750).

Pigoreau, *Petite Bibliographie romancière* [+17 suppléments], (Paris: Alexandre Nicolas, 1821-1828).

Ouvrages et périodiques des XVIIe-XXe siècles :

Anecdotes vénitiennes et turques, ou nouveaux mémoires du comte de Bonneval, (La Haye: Jean van Duren, 1737).

Anecdotes vénitiennes et turques, nouveaux mémoires du comte de Bonneval (Londres: Utrecht, 1740).

Mémoires du comte de Bonneval, ci-devant général d'infanterie au service de Sa Majesté Impériale et Catholique (Londres: aux dépens de la Compagnie, 1737).

Bachaumont, Petit de, *Mémoires secrets pour servir à l'histoire de la République des lettres en France depuis 1762* (Petit de Bachaumont, Pidansat de Mairobert, et Moufle d'Angerville) 1729-1794; 36 tomes en 18 vols (Londres: John Adamson, 1783-1789).

Barbier, *Chronique de la Régence et du règne de Louis XV* (Paris: Charpentier, 1858).

Baudelaire, *Les Fleurs du Mal*, édition critique établie par Jacques Crépet et Georges Blin (Paris: José Corti, 1942).

—*Œuvres Complètes*, éd. Y.-G. Le Dantec (Paris: Gallimard, 1951).

Bois Jourdain, M. de, *Mélanges historiques, satiriques et anecdotiques* (Paris: Chèvre et Chanson, 1807).

Boissy, L. de, *Le Français à Londres* (Paris: Prault, 1727).

Carmontelle, «La Médaille d'Othon» dans *Proverbes dramatiques*, vol. 2 (Paris: Deslongschamps, 1822).

Caylus, (Anne-Claude Philippe de Tubières Grimoard de Pestels de Lévis, comte de, «Histoire de Dakianos et des sept Dormants», dans *Nouveaux Contes Orientaux, Le Cabinet des fées*, vol. 25 (Amsterdam: veuve Merkus, 1786).

Diderot, *Œuvres Complètes*, 33 vol. (Paris: Hermann, 1975-).

—*Contes et romans*, éd., M. Delon (Paris: Gallimard, 2004).

—*Œuvres*, éd., A. Billy (Paris: Gallimard, 2004).

autres éditions des ouvrages de Diderot:

—*Le Neveu de Rameau*, éd., J. Fabre (Genève: TLF, 1950).

Dumas, Alexandre (père), *Impressions de Voyage* «Le corricolo; «le Tombeau de Virgile», vol. 2 (Paris: M. Lévy, 1865).

Du Mont, J., *Voyages de M. Du Mont en France, en Italie, en Allemagne, à Malte et en Turquie* (La Haye: Étienne Foulque et François L'Honoré, 1699).

Fielding, H., *Histoire de Tom Jones, ou l'enfant trouvé*, traduction de l'anglais de M. Fielding par P.-A. de La Place, 4 vols (Londres: J. Nourse [Paris], 1750).

Fougeret de Monbron, Fougeret de Monbron, *Le Canapé couleur de feu*, dans *Contes*, édition critique établie par Fr. Gevrey (Paris: Champion, 2007), 75–85.

— *Chronique des rois d'Angleterre*, écrite en anglais selon le style des anciens historiens juifs, par Nathan Ben Saddi, prêtre de la même nation (Londres: Cooper, 1743), réimprimée 1750.

—*Discours prononcé au roi par un paysan de Chaillot*, s. l., 1744.

—*La Henriade travestie* (Berlin [Paris]: 1745).

—*Margot la Ravaudeuse* (Hambourg, 1750).

—*Margot la conciacalze e le sue avventure galanti*, (s.l.: Biblioteca galante, 1861)

—*Margot la Ravaudeuse* (1750), éd. M. Saillet (Paris: Jean-Jacques Pauvert, 1958).

—*Margot La Ravaudeuse*, éd. M. Delon (Toulouse: Zulma, 1992).

—*Le Cosmospolite, ou le citoyen du monde* (Londres?, Amsterdam? 1750), réédité en 1753, 1761.

Le Cosmopolite, ou le citoyen du monde, suivi de *La Capitale des Gaules ou la Nouvelle Babylone*, éd. R. Trousson (Bordeaux: Ducros) 1970.

—*Le Préservatif contre l'anglomanie* (Minorque [Paris], 1757); repris sous le litre de *L'Anti-Anglais*, (Glasgow?, 1762).

—*La Capitale des Gaules ou la Nouvelle Babylone* (La Haye, 1760)

Graffigny, F., de, *Correspondance de Mme de Graffigny*, ed A. Dainard (Oxford: Voltaire Foundation, 1985-).

La Fontaine *Œuvres complètes*, éd. J.-P. Collinet, (Paris: Gallimard, 2002).

MacCarthy, abbé, *Arlequin Phaéton*, [1721] (voir La Porte. *Anecdotes dramatiques*).

Marivaux, *Théâtre complèt*, 2 vols, éd. H. Coulet, M. Gilet (Paris: Gallimard, 1994).

Misson, M., *Le Nouveau Voyage d'Italie* (La Haye: Herny van Bulderin, *1691).*

Mouhy *La Mouche ou les Avantures et espiègleries facétieuses de Bigand* 4 vol., (Paris: L. Dupuis, 1736–1738).

Molière, *Œuvres Complètes*, 2 vols éd. G. Couton, (Paris: Gallimard, 1971).

Montesquieu, *De Esprit des Lois* (Genève: Barillot, 1748).

Nisard, C., *Curiosités de l'étymologie française* (Paris: Hachette, 1863).

Noinville, Durey de, *Histoire du théâtre de l'Académie royale de Musique en France* (Paris: Duchesne, 1757).

Payne-Knight, Richard, *The Worship of Priapus* (Londres: Snowhill, 1786).

Petit de Julleville, L., *Histoire de la langue et de la littérature françaises des origines à 1900* (Paris: Armand Colin, 1925).

Quinault, *Œuvres choisies de Quintault*, éd., Georges Adrien Crapulet, 2 vols (Paris: Crapulet, 1824)

Rabelais, *Œuvres complètes de Rabelais*, éd. Mireille Huchon (Paris: Gallimard, 1994).

Rabelleau, *Le Cosmopolite, ou les contradictions* (s.l., 1760).

Ramsay, *Voyages de Cyrus*, 2 vols (Paris: Du Sauzet, 1727).

Rousseau, Jean-Jacques, *Œuvres complètes de Jean-Jacques Rousseau*, éd. B. Gagnebin et M. Raymond, 5 vols (Paris: Gallimard, 1959–1979).

Sachy, E. de, *Essai sur l'histoire de Péronne* (Péronne: Trépant, 1864).

Sade, *Œuvres*, 3 vols, éd. M. Delon (Paris: Gallimard, 1995)

—*Justine, ou les malheurs de la vertu* [1791] (Paris: J-J Pauvert, 1966).

Saint-Foix, G.-F. Poulain de, *Les Veuves turques* [1742], Voir LaPorte.

Sainte-Maure, Ch. de, *Voyage de Grèce, d'Égypte, de Palestine, d'Italie, de Suisse, d'Alsace et des Pays-Bas* (La Haye: Pierre Gosse) 1724.

Sorel, *Histoire comique de Francion* (Paris: Billaine, 1623).

Tavernier, Jean-Baptiste, *Les Six Voyages de Jean-Baptiste Tavernier* (Paris: Gervais Clouzier, 1676).

Thévenot, Jean de, *Relation d'un voyage fait au Levant*, 3 vols (Paris: Jolly, 1664–1684).

Thackeray, *The Virginians* (Londres: Bradbury and Evans, 1857–59).

Turmeau de la Morandière, *Police sur les mendiants, les Vagabonds, les Joueurs de Profession, les Intrigants, les Filles Prostituées, les Domestiques hors de maison depuis longtemps et les gens sans aveu* (Paris: Dessain 1764).

Valéry, P., *Œuvres de Paul Valéry*, éd. Jean Hytier, 2 vols (Paris: Gallimard, 1957).

Voltaire, *Œuvres complètes de Voltaire* (Genève: Cramer 1775), édition encadrée.

—*Œuvres complètes de Voltaire*, éd. Moland, 52 vols (Paris: Garnier, 1877–1885).

—*Œuvres complètes de Voltaire* (Oxford : Voltaire Foundation).

autres éditions des ouvrages de Voltaire :

—*Candide, ou l'optimisme*, éd. Morize (Paris : Hachette STFM, 1913), réimprimé Paris : Didier, 1957.

—*Candide, ou l'optimisme*, éd. C. Thacker (Genève : Droz, 1968).

—*Candide, ou l'optimisme*, éd R. Pomeau (Paris : Nizet, 1959).

— *Correspondance de Voltaire*, édition Th. Besterman, 13 vols (Paris : Gallimard, 1977-).

—*Essai sur les mœurs*, 3 tomes, éd., R. Pomeau (Paris : Classiques Garnier, 1963).

—*Œuvres historiques*, éd. R. Pomeau (Paris : Gallimard, 1957).

—*L'Ingénu*, éd., W.R. Jones (Genève : Droz, 1957).

—*Romans et Contes*, éd. Fr. Deloffre et J. van den Heuvel (Paris : Gallimard, 1970).

—*Mémoires pour servir à la vie de M. de Voltaire écrits par lui-même*, éd. J. Hellegouarc'h (Paris : Le Livre de poche,1998).

—*Mémoires pour servir à la vie de M. de Voltaire écrits par lui-même*, éd. J. Goldzink (Paris : Flammarion, 2006).

—*Mémoires pour servir à la vie de M. de Voltaire écrits par lui-même*, éd. J. Brenner (Paris : Mercure de France, 2007).

Voyer de Paulmy, René Louis de (marquis d'Argenson), *Journal et mémoires du marquis d'Argenson,* publié pour la première fois (Paris : Rathery, 1859-1867).

Études :

Badir, G., *Voltaire et l'islam, SVEC,* 125 (1974).

Berkov, P. N., « Fougeret de Monbron et A. P. Sumarokov. *Revue des études slaves,* 37 (1960), 29–38.

Broome, J.H., Voltaire and Fougeret de Monbron, « A *Candide* problem reconsidered », *Modern Language Review,* 55 (1960), 509–18.

—« Byron et Fougeret de Monbron », *Revue de Littérature comparée,* 34 (1960), 337–53.

—« *l'Homme au cœur velu* : the turbulent career of Fougeret de Monbron », *SVEC,* 23 (1963), 179–213.

Boussuge, E., «Fougeret de Monbron à la Bastille et dans ses archives», *RHLF*, 106 (2006), 157-66.

—«Enquête sur la réception de *Candide*», *Cahiers Voltaire*, 7 (2008), 147-52.

Brusegan, R., «Le Silence profond du 'Jeu de saint Coisne' dans *Le Jeu de Robin et de Marion*», dans *Contez Me Tout, Mélanges de langue et de litérature médiévales offert à Herman Braet*, sous la direction de Catherine Bel, Pascale Dumont et Frank Willaert (Louvain: Peeters, 2006), pp. 57-65.

Carrier, H., *Les Mazarinades, 1, La conquête de l'Opinion* (Genève: Droz, 1989).

—*Les Mazarinades, 2, Les Hommes du Livre* (Genève: Droz, 1991).

Casalegno, C., *Les plus grandes histoires d'amour de tous les temps* (Montréal: Guérin, 1997).

Castets, F., «Candide, *Simplicius* et *Candido*», *Revue des Langues romanes*, XLVIII (1905), 481-91.

Cole H., *First Gentleman of the Bedchamber, The Life of the duc de Richelieu*, (New York: The Viking Press, 1965).

Cronk, N, «Voltaire, Lord Hervey et le paradoxe du modèle anglais», dans «La culture des voyageurs à l'âge classique», *La Revue Française, numéro spéciale/numéro électronique.* http://revuefrancaise.free.fr/index.html.

—*The Cambridge Companion to Voltaire*, éd. N. Cronk (Cambridge: Cambridge University Press, 2009).

Funck-Brentano, F., *La Bastille des comédiens: le For l'Évêque* (Paris: Fontemoign, 1903).

Gallet, L., «Préservatif contre l'Anglomanie (1757) et/ou panégyrique d'une ancillarisation», dans *Regards européens sur le monde anglo-américain, hommage à Maurice-Paul Gauthier*, Centre d'histoire des idées dans les Îles Britanniques (Paris: Presses de l'Université de la Sorbonne, 1992), pp. 45-50.

Hadidi, D., *Voltaire et l'Islam* (Paris: Publications orientalistes de France, 1974).

Hazard, P., «Cosmopolite», Mélanges offerts à F. Baldensperger 2 vols (Paris: Champion, 1930), pp. 354-64.

Lauzanne, A., «Les Français à l'heure anglaise: l'anglomanie de Louis XV à Louis-Philippe», *Arob@se*, 3 (1999), 1-14.

Mervaud, Ch., «Du carnaval au carnavalesque: l'épisode vénitien de *Candide*», *Le Siècle de Voltaire: Hommage à René Pomeau*, éd. Sylvain Menant (Oxford: Voltaire Foundation, 1987), pp. 651–62.

Michel, L., «La polygraphie dans *le Cosmopolite, ou le citoyen du monde* de Fougeret de Monbron», dans *Éloge de l'adresse. Actes du colloque de l'Université d'Artois, 2-3 avril 1998*, sous la direction d'A. Chamayou (Arras: Artois Presses universitaires, 2000), pp. 171–89.

Morize, A., «Le 'Candide' de Voltaire», *Revue du XVIIIe Siècle*, 1 (1913), 1–27.

Müller, L., «*Consuls, Corsairs and Commerce: the Swedish consular service and long distance shipping 1720-1815* (Uppsala: Uppsala Universitet, 2004).

Robert, Raymonde, «Le Canapé couleur de feu de Fougeret de Monbron et la veine gauloise de la féerie», Le conte merveilleux au XVIIIe siècle. Une poétique expérimentale, éd. R. Jomand-Baudry et J.-F. Perrin, (Paris, Kimé, 2002), pp. 229–42.

Roche, J.-L.-H., *Voyage classique en Italie et en Sicile* (Toulouse: Bon et Préval, 1847).

Rousseau, F., «L'Ambassade du comte de Castellane à Constantinople», *Revue des questions historiques*, LXX (1901), 410.

Simonde de Sismondi, J. C. L., *Histoire des Français* (Bruxelles: Wouters Frères, 1847).

Trousson, R., éd., *Romans libertins du XVIIIe siècle* (Paris: Gallimard, 2000).

Vadé, *Les excentricités du langage* (Paris: Dentu, 1865).

Venturi, F., «Fougeret de Monbron», Belfagor, 2, 1947, pp. 170–186.

— *Europe des Lumières: recherches sur le 18e siècle* (Paris, La Haye: Mouton, 1971).

— *La Jeunesse de Diderot*, tr. de l'italien par Juliette Bertrand (Paris: Skira, 1939).

Walter, É., «Picards au cœur velu. La cavale de Fougeret de Monbron», *In'Hui*, 17 (1981), 129–36

MHRA Critical Texts

This series aims to provide affordable critical editions of lesser-known literary texts that are not in print or are difficult to obtain. The texts will be taken from the following languages: English, French, German, Italian, Portuguese, Russian, and Spanish. Titles will be selected by members of the distinguished Editorial Board and edited by leading academics. The aim is to produce scholarly editions rather than teaching texts, but the potential for crossover to undergraduate reading lists is recognized. The books will appeal both to academic libraries and individual scholars.

Malcolm Cook
Chairman, Editorial Board

Editorial Board

Professor Malcolm Cook (French) (*Chairman*)
Professor Derek Flitter (Spanish)
Professor David Gillespie (Slavonic)
Professor Catherine Maxwell (English)
Dr Stephen Parkinson (Portuguese)
Professor Brian Richardson (Italian)
Professor Ritchie Robertson (Germanic)

Published titles

1. *Odilon Redon, 'Écrits'* (edited by Claire Moran, 2005)

2. *Les Paraboles Maistre Alain en Françoys* (edited by Tony Hunt, 2005)

3. *Letzte Chancen: Vier Einakter von Marie von Ebner-Eschenbach* (edited by Susanne Kord, 2005)

4. *Macht des Weibes: Zwei historische Tragödien von Marie von Ebner-Eschenbach* (edited by Susanne Kord, 2005)

5. *A Critical Edition of 'La tribu indienne; ou, Édouard et Stellina' by Lucien Bonaparte* (edited by Cecilia Feilla, 2006)

6. *Dante Alighieri, 'Four Political Letters'* (translated and with a commentary by Claire E. Honess, 2007)

7. *'La Disme de Penitanche' by Jehan de Journi* (edited by Glynn Hesketh, 2006)

8. *'François II, roi de France' by Charles-Jean-François Hénault* (edited by Thomas Wynn, 2006)

9. *Istoire de la Chastelaine du Vergier et de Tristan le Chevalier* (edited by Jean-François Kosta-Théfaine, 2009)

10. *La Peyrouse dans l'Isle de Tahiti, ou le Danger des Présomptions: drame politique* (edited by John Dunmore, 2006)

11. *Casimir Britannicus. English Translations, Paraphrases, and Emulations of the Poetry of Maciej Kazimierz Sarbiewski* (edited by Krzysztof Fordoński and Piotr Urbański, 2008)

12. *'La Devineresse ou les faux enchantements' by Jean Donneau de Visé and Thomas Corneille* (edited by Julia Prest, 2007)

13. *'Phosphorus Hollunder' und 'Der Posten der Frau' von Louise von François* (edited by Barbara Burns, 2008)

15. *Ovide du remede d'amours* (edited by Tony Hunt, 2008)

16. *Angelo Beolco (il Ruzante), 'La prima oratione'* (edited by Linda L. Carroll, 2009)

17. *Richard Robinson, 'The Rewarde of Wickednesse'* (edited by Allyna E. Ward)

20. *Evariste-Désiré de Parny, 'Le Paradis perdu'* (edited by Ritchie Robertson and Catriona Seth)

22. *Louis-Charles Fougeret de Monbron, Le Cosmopolite, ou le citoyen du monde (1750)* (edited by Édouard Langille)

Forthcoming titles

14. *Le Gouvernement present, ou éloge de son Eminence, satyre ou la Miliade* (edited by Paul Scott)

18. *Henry Crabb Robinson, 'Essays on Kant, Schelling, and German Aesthetics'* (edited by James Vigus)

19. *A Sixteenth-Century Arthurian Romance: 'L'Hystoire de Giglan filz de messire Gauvain qui fut roy de Galles. Et de Geoffroi de Maience son compaignon'* (edited by Caroline A. Jewers)

21. *Stéphanie de Genlis, 'Histoire de la duchesse de C***'* (edited by Mary S. Trouille)

23. *La Chastelaine du Vergier. Livre d'amours du Chevalier et de la Dame Chastellaine du Vergier* (edited by Jean-François Kosta-Théfaine)

24. *Narcisse Berchère, Le Désert de Suez: cinq mois dans l'Isthme* (edited by Jean-François Kosta-Théfaine,)

For details of how to order please visit our website at:
www.criticaltexts.mhra.org.uk

www.ingramcontent.com/pod-product-compliance
Lightning Source LLC
Chambersburg PA
CBHW071515150426
43191CB00009B/1538